臺灣的毒梟、大麻
咖啡包與地下經濟

戒不掉的癮世代

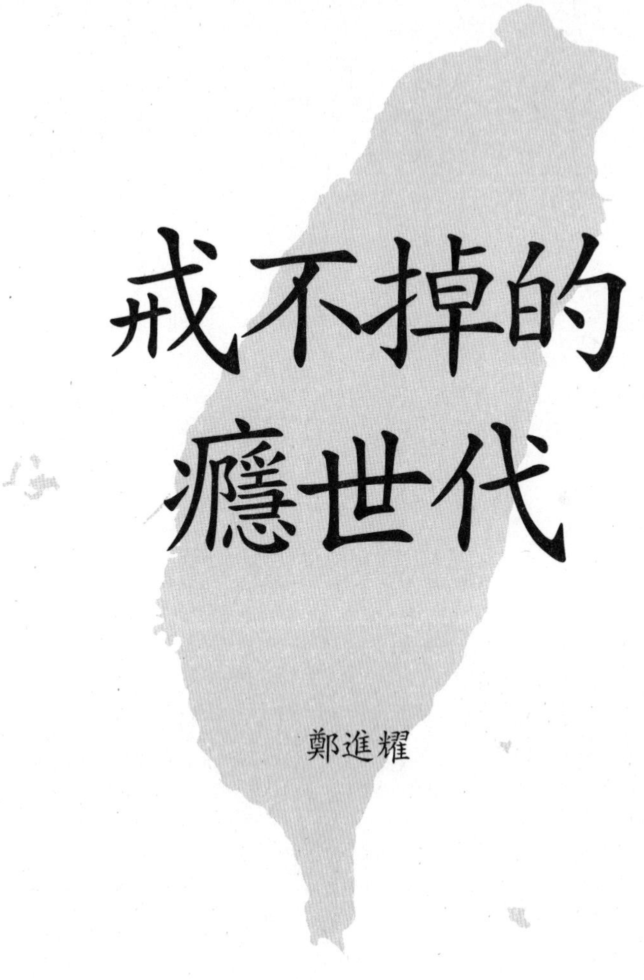

鄭進耀

毒從海上來，銷往何處去？
那時的「福爾摩沙」如何成為今日的臺「毒」島嶼？

目次
contents

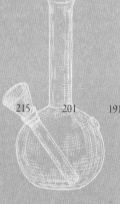

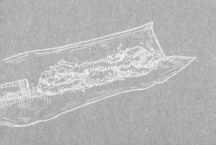

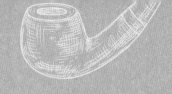

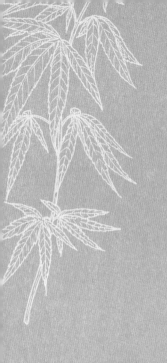

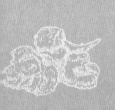

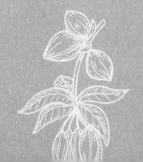

嗎啡，這是一件多麼罪惡的東西啊！此間一位妙齡女郎就因為一念之差，以致被她那一套甜蜜的糖衣誘導走向犯罪的道路，結果是：鋃鐺入獄，弄得身敗名裂！

此女郎名叫曾欣欽，芳年二十餘歲，係三重鎮人，曾經受過中等教育，其次之罹致這一步田地，係因鑒於嗎啡可以助長性慾，於是自作聰明，對此毒品浮現一種綺麗的幻想，即開始吸食，不料一經嘗試之後，竟告成癮大有不可一日無此「君」之慨，可是，日子一久她平素所有積蓄終於全部化為烏有，弄得人窮財盡了，然而煙癮卻仍無法戒絕，於是「窮則變，變則通」在此窮途末路之際，只好鋌而走險，淪為竊盜，就在六日深夜，她又獨自潛入該鎮長元街九十一巷林再添家裏行竊，但因運氣不佳，當場被林扭送該管三重埔警察分駐所法辦，嗣經該所一番嚴密偵辦之後，這一則富有傳奇性的故事因而赤裸裸地暴露出來。[1]

1 三重訊（1954）〈花骨伶仃瘦猶作樑上人〉《聯合報》，一九五四年六月九日第五版。

這是一則一九五四年刊登於聯合報第五版的新聞，這是很典型近代臺灣描述毒品與成癮者的模式。將毒品消費視作是個人慾望的沉淪、道德的敗壞，而毒品是萬惡的開頭，接續而來是各種行為的毀滅。報載「嗎啡助長性慾」更是早年將色、毒綁綑在一起的刻板印象。事實上，嗎啡類毒品屬中樞神經抑制劑，使用後大多只會昏昏欲睡，不會有助「性」作用。能助「性」的毒品大多屬安非他命這類的中樞神經興奮劑。

這篇社會新聞並非特例，當年知名的評論專欄「玻璃墊上」更指出，臺北風化區的暗娼十個有九個吸毒，「娼妓吸毒又很容易勾引上顧客」，又說，臺北衡陽街隨處可見吸毒者「青面幽靈」的出現。文中最後以毒品問題將造成國家社會的動盪做為結語。

性工作者與吸毒的連結，在臺灣可以追溯到鴉片的使用習慣。臺灣的鴉片早年具有社交功能，類似菸酒的地位，是文人、商人會談時的社交儀式。當時人們談生意、各種社交習慣在青樓，於是便成了性工作者與吸毒的連結，這種連結有其歷史社會背景，並不單只是慾望的沉淪而已。

這種將毒癮視為國家社會累贅的觀念一直延續至今。成癮者的故事成為一齣又一齣的道德醒世劇，個人的沉淪，只能由個人的醒悟得到最澈底的解決。因吸毒而衍生各種不可收拾的違法行為，所有的沉淪在警察拘補後，嘎然而止。

往前看，我們不知道成癮者的生命歷程，是什麼推力使他們成癮；往後看，我們也不知道被警察逮捕後的成癮者，他們如何走出毒癮？

每逢六月的國際反毒月，各家媒體每年固定推出各種毒品專題，一位受訪的精神科醫師略顯疲態地抱怨：「每年都換一批不同的人，講著類似的毒癮故事，我們在這些一則又一則的故事裡，感到麻木與疲乏……最後，也忘了，這個社會結構如何把他們推向毒品，而制度又能提供什麼力量解決這些問題。」

魔術般的街頭交易

除了古老的鴉片、海洛因之外，當代的臺灣毒品，到底是何種樣貌？二〇二一年的某一天，我說服了受訪者小通，讓我跟著他上街買「藥」。

沒有夜黑風高，也沒有僻靜的無人小巷，小通和藥頭面交的地點是臺北市鬧區的捷運站出口，時間是假日的午後。當新冠肺炎的疫情橫掃全球，二〇二一年三月的臺灣還屬偏安的一角，宛如另一個平行世界，我和小通隨著逛街人潮湧出捷運站。

「現在疫情，『東西』越來越貴，也越來越難拿了。」三十八歲的小通「藥齡」超過十五年，市面上流行什麼「藥」他都跟著玩過一輪，他們常以「東西」、「藥」而不以「毒品」稱呼這些「違法管制物質」。若是在十年前，小通是不必如此拋頭露面取貨，「以前藥還沒那麼貴，捉得也不嚴，我一次買很多來囤，比較划算，藥頭會開車送到我家來。」

疫情不僅打亂一般人的日常，連帶也影響毒品交易市場。在臺灣並非主流的「大麻」也因走私困難，市場稀缺，一克的價格已逼近二千元臺幣，比黃金還貴。

昂貴的藥價並沒有重挫毒品市場的需求。對小通這樣的中產階級來說，差異只是無法一次大筆購買、必須冒險露面到街頭零星購入。

二〇二〇年聯合國的「世界毒品報告」[2]也指出，疫情的關係，全球的毒品原料取得困難，但人類的「癮頭」還在，轉向其他更易取得的酒精、鎮定劑等物質。正因為國境封鎖，這項報告指出，毒品販賣管道在二〇二〇年開始，轉向由郵寄和「暗網」販售。在英國倫敦、美國加州則都開始出現，毒品純度下降，而價格飆升。因疫情經濟受創的窮人更買不起毒品，於是鋌而走險，混用各種來路不明的藥物，並以靜脈注射來加強「藥效」，也因此造成更多傷亡案例。

小通向我抱怨，這天交易的藥物，重量一樣，價格卻是過往的二倍，而據小通的使用經驗，這陣子藥物的純度品質只有過去的二分之一，換算之下，同等品質的毒品，價格已上升四倍。即便彼時臺灣的疫情相對和緩，但毒品的地下市場仍深受全球的環境的擾動。

我和小通站在捷運站出口處，看著來來往往的人潮，等著藥頭出現，就這樣過了五分鐘。小通的手機響了，對方說會晚點到。再過十分鐘，對方要我們換到另一個捷運站出口見面。待我們在捷運的路上，又再要求我們換另一條捷運線到另一個捷運站出口見面。

「阿程之前偶而也會換地點，但今天換了這麼多次，大概是因為有不認識的人一起來，比較有戒心。」小通這樣向我解釋。阿程是他這一年來固定交易的藥頭，每隔半年到一年的時間，小通就得重覓新的「合作對象」，這些藥頭多半會突然「消失」，「可能是被捉吧？所以，我很珍惜這樣的緣分啦。」小通如此自嘲。

而每當藥頭消失的時候，小通會很神經質理大光頭，甚至連陰毛都剔了，他擔心警方循著通聯紀錄找上他，要他的毛髮驗毒。「有傳說這樣驗不出來殘留，我也不知道真的還假的，反正求個心安。」

2 United nations（2020）〈World drug reporter 2020〉，（https://wdr.unodc.org/wdr2020/index2020.html）。

小通沒有任何前科，健康狀況良好，是一家公司的小主管，如此神經質理光自己毛髮，因為他的生活禁不起一點波動。這類的「使用者」從來不會出現在刑事局各種犯罪的統計數字裡，「我身邊很多像我這樣的人，藥只是生活的一部分，拿來放鬆一下，並沒有被藥控制，我們跟毒蟲不一樣。」平日工作早出晚歸，他只在假日用藥放鬆心情。

我們終於在變更二次後的地點見到了阿程，他個子不高，約莫四十歲，穿著帽T和牛仔褲，平凡得像見過即忘的路人。見面時，他熱絡搭著小通的肩，像許久不見的朋友，看似親切聊天，但細聽會發現二人的對話只圍繞最近怎樣、工作還忙嗎？這種表面的話題。情緒很滿，內容很虛。

我們在捷運站外寬闊的廣場走了一段路，再沿著馬路走到一個紅綠燈路口。阿程突然向我們道再見，上了路邊的一輛轎車離開了。待我一回神，才知道小通的薄外套口袋裡，事先放好的幾張鈔票不見了，但多了一袋白色粉末的夾鍊袋。一切宛如一場魔術秀。

河堤外人畜無害的青年們

艾艾是一名樂團主唱，不定時在一間地下室的live house表演，雖然已有多次表演經驗，但上臺前，他仍會緊張得胃部發痛。他有一個上臺前的儀式，要先到樓梯間抽根菸，舒緩情緒。

只是這不是普通的菸，有濃嗆的味道。推開這間臺北知名的表演場地的樓梯間，三不五時，傳來的就是這種濃烈的嗆味。艾艾邪邪一笑，說抽這「菸」要小心，一是小心警察，一是小心朋友會「聞香而來」，要求「共享」。

他抽的是大麻，有時就藏在吉他裡四處移動，他向我細數了幾位音樂名人，並一口咬定：「這些音樂都是在『茫』的時候才寫得出來。」有些歌曲甚至直接就把大麻入歌，這也是近年來特有的現象。艾艾自己也創作詞曲，要進入創作狀態時，也一定要「呼上幾口」。從搖滾掛到嘻哈圈，大麻幾乎是大家不說破的祕密。

夜深了，結束表演的艾艾會再走一小段路到表演場地附近的堤外，每逢週末，這裡聚集了許多像艾艾這樣的音樂青年，他們人手一罐啤酒，大膽一些的手上就夾著濃嗆的「菸」。他們坐在堤外，河面映著月光，有人輕撥吉他，有人隨著音樂輕輕搖擺，一副人畜無害的模樣。

艾艾說，最戲劇化的一次是遇到巡邏的警察，一群人看到警察猶如驚嚇的小鹿，張著眼，立在原處不敢動。沒想到警察只是緩緩騎著機車而過，親切地要他們不要待太晚，快點回家。

疫情之後，這個異世界消失了。聚會成為奢侈的活動，大麻價格也貴比黃金。即便疫情緩和了，人群還是沒有回流。那個宛若烏托邦的奇異世界一去不返了。

不管是艾艾還是小通，他們都不是傳統吸毒者的形象，他們沒有因「毒」而發狂，他們與「毒」的相遇都在稀鬆平常的日常裡。他們是在捷運站出口錯身而過的路人，是坐在河堤邊放空的無害青年。

「毒品」從來不是外在於我們的日常，它們常以人畜無害的模樣出現。

關於毒品的討論，在臺灣一直侷限在「罪罰」的範圍裡，是一種個人道德淪落的行為，它與文化無關，與社會機制無關。

二〇〇〇年前後，臺灣的搖頭丸狂潮，新聞上開始出現藝人搖頭嗑藥的新聞。在此同時，關於藥物與音樂關係的討論開始出現。例如二〇〇二年出版的《迷幻異域》開始呈現藥物與音樂文化的另一面。二〇〇五年的《搖頭花》[3]更是少見的本土藥物文化的第一手見證寫作。

隨著搖頭丸在毒品市場退燒、搖頭夜店的消退，這種正面看待藥物文化的討論也戛然而止。然而，許多「進步」青年依舊以擁抱這類藥物肯定論做為時髦的主張，他們將之視為精神、社會解放的一環。小通與艾艾都是這樣的信仰者。

臺灣關於毒品的討論於是一直在兩種極端擺盪：一端是個人道德淪落、罪罰的討論；一端是擁抱「藥物」，將之視為生活調劑的一部分。兩種極端的立場猶如瞎子摸象，僅以部分的經驗各自擴展為對毒品全貌的想像。

陳阿姨的藥櫃

幾年前，我採訪一位七十一歲的陳阿姨，她在市場裡賣菜，早年逃離家暴的丈夫，在建築工地裡做工，靠一己之力養大三個小孩。採訪結束時，陳阿姨說起年紀大，體力不好，近日又有點小感冒，於是她起身打開了房間的小鐵櫃，裡面整齊擺滿感冒糖漿。

---

3 大D、小D（2005）《搖頭花》，商周出版。

她轉開瓶蓋，一飲而盡，並對我陳述，這是像她這樣艱苦人的「仙丹」。頭痛，喝它；胃痛，喝它；感冒要發的時候，喝它可以壓住症頭；就連沒睡好，也能喝它提神。陳阿姨與感冒糖漿「結緣」得很早，早在工地打工時，各種疼痛都靠它。她同時也抱怨，現在感冒糖漿越來越難買，過去大牌子的糖漿藥力越來越弱，反而便宜的雜牌，藥力如以往般神效。兒子常勸她少喝這種成藥，但她總是無法迴避這款神藥的奇效。

在進行《戒不掉的癮世代》的採訪時發現，臺灣市售的感冒糖漿大多內含可待因，這是嗎啡類的衍生物。成分雖低，但仍具有成癮風險，早年甚至有毒販大量收購，並從中提煉製毒品的原料。許多知名廠牌為避免風險，開始降低其含量，或是以其他成分取代。不過，可待因的止痛、止咳效果仍神效，許多雜牌感冒糖漿仍沿續使用，並以低價搶市。

陳阿姨並不是特例，許多藍領工人，為了解決身上各種疼痛便是以這類感冒糖漿治「百病」。因具有成癮風險，很多藥局會刻意避免一次售出大量糖漿給同一個人，好一點的店家還會提醒此藥有成癮風險。於是，藍領工人們只能靠口耳相傳，哪間藥局可以一次便宜購得整箱的糖漿。陳阿姨嚴重時，一天可以喝掉三瓶糖漿。

將毒品視為個人道德淪落的觀點，無法看見陳阿姨因日常需求而使用糖漿的行為，而這樣的成癮行為，甚至也不是為了個人慾望的放縱。在毒品解放論這一端，則輕忽了「藥物」成癮的風險，只強調藥對生活的調劑，隱藏的憂患則是：解放之日還未到，可能就深陷成癮風暴。

陳阿姨並沒有意識到上癮的風險，或是說，她不清楚，到底什麼是成癮？個人責備論的毒品觀點下，所謂成癮，是像我們常見的新聞裡，精神異常、幻聽、幻覺、身體不自覺發抖、難以入眠的可怕形象，很顯然陳阿姨並沒有這樣的戒斷症狀。而藥物解放觀點之下，認為軟性藥物的成癮性很低，只強調藥物對人性的啟發、對生活的助興，幾乎不談何謂成癮。

關於「成癮」有太多「都市傳說」。除了常識裡海洛因、安非他命、嗎啡會使人成癮，性愛、糖類、網路會使人成癮嗎？根據精神科對成癮行為的主要定義是：成癮物質會造成大腦中多巴胺或血清素大量分泌，造成異常快樂的感受。大腦記住了這個極端的快樂感受，會反覆趨使一個人不斷去追求當初造成大量多巴胺分泌的行為。最後，大腦不顧一切，只追求這個極致的快樂，獎賞中樞故障，造成個人生活功能開始出現損失。

按照這個標準來看，性愛、糖類飲食、上網行為都不會使大腦的獎賞功能故障，重複的甜食、性愛比較傾向是「強迫症」行為，而非上癮。以這樣的觀點來看，陳阿姨的感冒糖漿使她避免各種痛疼，並造成長期依賴的結果，生活功能受影響，已是初步的成癮行為。

個人責備論的毒品觀，強調個人選擇，看不到社會的推力；藥物解放論又完全移植晚近西方的經驗，過度強調娛樂面向，欠缺本土經驗論述。二個觀點下都無法詮釋陳阿姨與感冒藥的複雜關係。

根據臺灣的健保資料庫統計，臺灣住院人口裡有四分之一是像陳阿姨這種各樣慢性疼痛而住院，所謂慢性疼痛，泛指身體各種疼痛持續三個月以上。臺灣目前開立的止痛藥占全體健保給付藥品的百分之二，而且大多是較和緩、不含嗎啡成分的普拿疼、類固醇消炎藥等。[4]

與美國相比，臺灣的止痛藥開立偏少。陳阿姨的各種疼痛無法在醫療體系裡得到紓解，於是在感冒糖漿裡得到解救。這個解方同時隱含成癮風險。濫開嗎啡類止痛藥的美國社會，近年承受芬太尼止痛藥成癮的風暴；而少開止痛藥的臺灣社會，則是另一種隱性的成癮問題。

每一個社會的成癮問題都反應其獨特歷史、社會的背景。西方關於「毒品」的寫作討論，時常回應的是專屬當地的特殊問題。像是《追逐尖叫》[5]、《毒家企業》[6]反覆質問的是，在美國歷經數十年並投入大量成本的反毒戰爭，為何最終無法解決毒品問題？前者以歷史社會的分析角度，整理不同毒品如何在美國社會生根；後者則是用經濟學的角度，追問這些毒品從何而來？為何大力地取締卻無法遏止毒品市場的擴張。

毒品之於臺灣社會並不如美國嚴重，但仍有專屬於臺灣本土意義的毒品問題。臺灣社會一方面受到全球化毒品分工的影響，在各個時期流行不同的毒品，並在製毒產業上扮演重要角色。同時，還有本土特殊的歷史背景，使毒品業不斷創新。這種外在與內在不同的力量拉與推，成就了當下臺灣物質成癮的樣貌。

從跟著受訪者上街買藥，到陳阿姨的擺滿感冒糖漿的藥櫃，《戒不掉的癮世代：臺灣的毒梟、大麻、咖啡包與地下經濟》的書寫從臺灣社會的本土經驗出發，以異於上述二種視角，整合社會、歷史、個人觀點及採訪材料，企圖描繪出當代臺灣的成癮群像。

4 衛福部心理健康司司長陳亮妤於《疼痛帝國》新書講座上的說明資料。
5 約翰・海利（2017）《追逐尖叫》，麥田文化。
6 湯姆・溫萊特（2019）《毒家企業》，寶鼎出版。

第一部 海洋

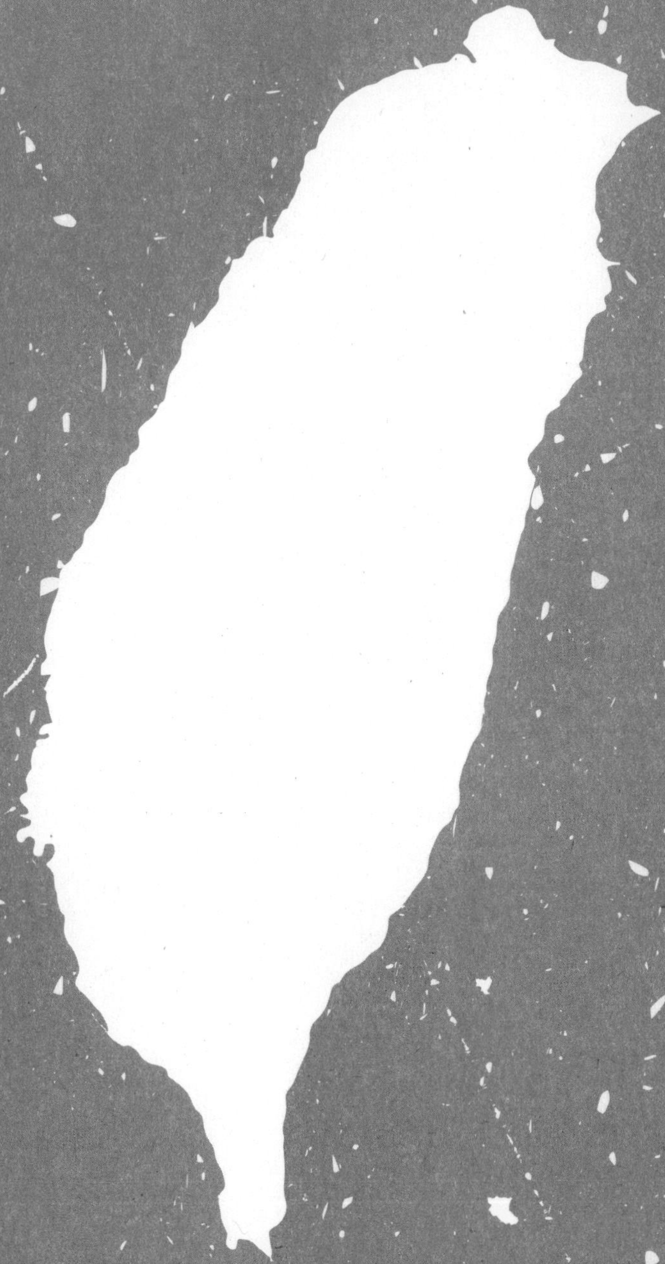

第一章　「它」從海上來

車子開在鹿耳門的路上，平坦的地平線上偶而點綴幾處魚塭和菜田。日頭炙烈，路上無人，司機以講述鄉土傳奇的口吻說道：「你們外人，最好晚上不要隨便在這裡的路上走。」

如果把時間往前推至一六六一年，國姓爺從聽信通譯何斌所言，認為臺灣有廣大良田，而駐守的「紅毛」人數不多，舉兵突襲臺江內海。[7]不料，攻臺不順，從鹿耳門登陸的這片古戰場死傷慘重，國姓爺索性封鎖整片臺江內海，造成普羅民庶城成千上萬的人餓死。

國姓爺攻臺主要的原因是為了充實船隊的後備支援。自他的父親鄭芝龍開始，福建的鄭家便是中國東南沿海一帶的霸主，所有經過的船隻皆要向鄭家船隊繳納過路費。鄭家一時富可敵國。

7　歐陽泰（2017）《決戰熱蘭遮》，時報文化。

當時荷蘭人的荷屬東印度公司已在印尼雅加達為基地，荷蘭人北上到廈門、日本交易，臺灣是重要的據點。這些往來的貨物，除了有香料、茶葉、瓷器、鹿皮。一個在二十世紀引發政治經濟衝突的「鴉片」也在貨物名單內。

從荷屬東印度公司的貨物清單可以得知，臺灣可能是當時大清帝國最早接觸到鴉片的地方。福建地方縣誌更是常提及，臺灣人群聚路邊吸食鴉片，男無義，女無情。

「萬惡」的鴉片並不是單純的「毒品」。

二〇二一年，江蘇一家涼麵攤，外表平凡不起眼，原本生意清淡，近日卻開始大排長龍，後遭人檢舉，涼麵店的辣油加入了罌粟花殼，一種可提煉出鴉片的原料。[8]

每隔幾年，便有類似的事件爆發。罌粟花入菜並不是沒有根據的都市傳說，謠傳店家加入此種禁忌食材後，食客便會上癮，每天忍不住要一吃再吃。真的是如此嗎？

罌粟花是製作鴉片的材料，罌粟花殼是花朵凋謝後，長成的蒴果，人們會在花苞上以刀片劃開，取其白色乳汁，具有鎮定止痛的效果，也是鴉片和嗎啡的原料。之後為更有效並大量製造鴉片，將晒乾的果殼、禾桿一起熬煮，提煉出鴉片。

罌粟種子也帶有低量的罌粟鹼，但危害性小，很多國家開放將種子炸油或入菜調味，而種子炸剩的油渣還可二次利用做成動物飼料。一整株罌粟花幾乎每個部位都有經濟價值。

坊間傳說的鴉片火鍋聽起來驚悚，我們詢問了幾位成癮科醫師，得到了不同的答案。這些「鴉片」原料拿來煮火鍋、拌辣油，會不會成癮？事涉幾個關鍵，其一是罌粟花殼有多少成癮成分？再來是，火鍋裡加的罌粟花殼有多少？煮了多久？食客吃的頻率是多少，才有辦法推估吃「鴉片火鍋」要吃多少才會有成癮危險。

然而罌粟花殼在大部分的國家都是管制物質，購買困難，為何這些火鍋店能一買再買，彷彿像辣椒一樣隨手可得？

我們回顧「鴉片火鍋」的這個「都市傳說」最早的起源。臺灣報紙在一九八八年第一次出現這樣的新聞，報導指稱四川內江有火鍋業者加入罌粟花殼被當地政府衛生單位取締。[9]一九九四年，傳說上海、洛陽等地都有類似的事件。[10]一九九九年，香港《蘋果日報》報導上海有疑似案例，將火鍋湯底送驗後，竟發現有罌粟花鹼的成分。[11]

二〇〇四年，中國新華社終於證實貴州省有二百一十五家湯品、火鍋店使用罌粟花殼

8 馬家佳（2021）中國之聲〈男子吃涼皮上癮，報警後店裡竟查出大量罌粟成分！〉（https://www.shanwei.gov.cn/swkjj/zhuanti/xfs/content/post_761007.html）

9 香港電（1988）〈顧客吃上癮？火鍋加入罌粟殼四川業者沒良心〉，《聯合報》，二月二十五日五版。

10 劉鳳秋（1994）〈罌粟殼當料爽得很〉《聯合報》，一九九四年二月八日二十版。

11 香港電（1999）〈港報稱上海餐廳偷摻罌粟吃客上癮〉，《聯合晚報》，一九九九年一月三十一日四版。

熬湯，這二百一十五家業者最終遭強制停業。二〇一四年中國中央電視臺的新聞節目，帶著隱藏鏡頭走進一家四川火鍋店的廚房。被隱去頭像的老闆娘，拿出滿滿一麻布袋的罌粟花殼，神祕兮兮道：「加這個比較好吃，但違法，外面在捉。」

層出不窮的「鴉片火鍋」有幾處不合常理。其一，罌粟花食材長期被管制，取得不易，價格高，做為火鍋調料，未免成本太高。其二，鴉片火鍋的成癮風險難以控制，到底吃多少火鍋才會使人上癮，一吃再吃，幾乎無法確認。店家要冒這麼大的法律風險，去換得顧客不斷上門，這樣的做法不合常理。

為了探究這則「都市傳說」的真實性，我們應重回鴉片的發展歷史，從歷史裡找到這個「物質」的不同使用方式以及它們如何「成為」毒品的過程。而令人意外的是，這個古老的「毒品」跟臺灣也有很深的歷史淵源。

臺北市涼洲街與重慶北路交叉口，有一片空闊的停車場，這裡原是一棟二層的紅磚建築，是林清月醫師於一九一〇年創建的「宏濟醫院」。之後，一九三〇年宏濟醫院由臺灣總督府接手，改立為「臺北更生院」，負責主要的臺灣鴉片戒治工作，這也是當時領先世界的鴉片治理模式。

林清月是臺灣最早有系統研究鴉片的醫師。他於日治時期，曾經對臺灣鴉片吸食者做調查，在他一九一三年留來下的紀錄裡，指出成癮是有一個光譜，那種躺在床上動彈不得，只想著要吸鴉片的重度癮者是少數。很多吸食者是有正常工作，調查甚至有長達四到七年的吸食習慣而沒有成癮的。[12]

以此看來，古老的鴉片成癮性沒有現代的嗎啡、海洛因高，鴉片火鍋、涼麵可能要一天吃好幾次才有辦法成癮。不過，擺在眼前的事實是，這些火鍋小吃店的確生意變好了，推測可能的原因不是食客成癮了，而是火鍋裡微量的罌粟花鹼讓人的味覺感到刺激、身體發熱甚至飄飄然。

而店家一用再用的原因，也不全然是為了使食客「上癮」，更根本的原因是在於罌粟殼一直是古老的中藥材和食物調味料。入菜之後，食物可能展現不同風味而有另一種吸引力。中國南方邊疆山區，當地人甚至有將罌粟花殼泡茶的習慣，他們將之視為「食材」而非「毒物」。

鴉片在現代被視為毒品，但甚少去討論，鴉片是如何從「藥材」、「食物調味料」一路變成毒品，這個毒品有什麼「風味」？後來又為何消失？一九四五年，名為臺灣省立戒

12 許宏彬（2002）《臺灣的阿片想像：從舊慣的阿片君子到更生院的矯正樣本》，國立清華大學歷史研究所碩士論文。

煙所的臺北更生院，成功治療最後一批鴉片吸食者之後，隨之結束營運，宣告鴉片問題在臺灣成功解決。時隔七十多年後，人們談論鴉片火鍋的觀點，仍延續毒品、成癮的角度，忽略鴉片的複雜面相，它既是藥物也是毒品，更是食材與調味料。

在一九三〇年之前，鴉片並不是單純的毒物。根據臺裔日籍學者劉明修的考究，臺灣是整個中華地區最早有使用鴉片紀錄的地方，時間甚至可以上溯到明朝萬曆年間。在荷蘭東印度公司的文獻裡，還可以找到明末時期，與臺灣交易鴉片的紀錄。[13]

鴉片原是產於中東波斯一帶，隨著全球貿易，由荷蘭人帶入印尼巴達維亞（現今的印尼雅加達），結合當地人吸菸草的習慣，將菸絲浸泡在鴉片液後一起吸食。明末開始，臺灣在中國東南沿海扮演的貿易地位開始浮現，鴉片第一站隨著貿易商船來到了臺灣。

臺灣與金門、廈門的貿易關係，又將鴉片傳入華南，此後在中國遍地開花。各種清帝國留下來關於臺灣的鴉片描述多所負面。各種地方縣誌文獻都說臺灣人好食鴉片，路邊隨處可見吸食鴉片的無賴。研究清代臺灣鴉片問題的成大歷史系副教授許宏彬認為，這很可能是帶著帝國中心視角看待邊緣的偏見：「臺灣當時是移墾社會，許多單身男子渡海而來，群聚時無事可做就抽鴉片當消遣，無賴無賴，不正是離鄉背井沒有家庭親族可依賴的這群人嗎？在這些從帝國中心來的官員眼中，這些人群聚抽鴉片，既不事生產，又一天到晚惹事生非，甚至激起民變、械鬥，是難管控的一群人士。」

這種族群負面形象與毒品相結合的例子並不是特例，美國一九三〇年也將大麻問題歸咎於黑人和南美移民帶來的犯罪行為。

當時的臺灣到底哪些人使用鴉片？「士農工商都有。」許宏彬副教授直接指出結論。因為臺灣有獨特的地理位置，以及社會風氣，鴉片使用廣泛，於是才有林清月醫師對鴉片成癮者的研究，在他的研究裡，鴉片不只做為一種「毒品」，同時還在社會的不同層面，發揮不同的作用。而這樣的「毒品」觀點在當時不僅「走得很前面」，放在當代，亦不過時。

鴉片在清末臺灣除了開墾的工人和軍人，為了防熱病、抗瘴虐之氣，把鴉片當成治病的藥材之外。當時碼頭的苦力，也將鴉片當成生活的調劑抒壓劑，在工作勞累後，到碼頭的煙館吸鴉片過夜。夜間工作者也用鴉片來調解日夜顛倒作息，帶來的精神壓力。

清末白銀外流問題嚴重，鴉片也在農人之間做為貨幣交易用，當時臺灣是東南沿海重要的轉口貿易港口，可以買到來自世界各地的鴉片產品。主流的鴉片最高等的來自英國東

13 劉明修（2008）《臺灣統治與鴉片問題》，前衛出版。

印度公司生產的鴉片，其次為印度土幫鴉片，再其次是中階價位並在世界最廣為流行的波斯鴉片。而最便宜的則是來自中國溫州和四川。[14]

清末的知識分子也用鴉片，他們將之視為社交和娛樂用，多半在青樓妓院吸食，也有富有人家，在家有專人調理鴉片。許宏彬在田野訪談裡就曾得知一位臺北大稻埕富人家庭的阿嬤，會自己處理買來的鴉片：「阿嬤的後人還記得當時房間裡充滿一種特殊的味道。」

阿嬤常常半躺在煙炕上，吸著煙跟一家大小聊天：「家人都不能上那張炕床，只有一位阿嬤親密的閨蜜能在床上跟阿嬤分食同一管煙。」阿嬤並非鎮日精神不濟的病夫狀癮者，後人對阿嬤的印象是熱情開朗的老人家。

「鴉片阿嬤不是特例，當時很多富有人家都是如此，會有人協助煮鴉片，也有正常的社交生活。例如從林獻堂的日記也可看出，霧峰林家也有鴉片吸食者。」許宏彬說。

到了日本殖民時期，殖民政府決定在臺灣開辦鴉片專賣制度，只要有癮者經醫師和地方政府單位認證，便能合法領有吸食鴉片的牌照。民族主義論者認為，日本本土嚴禁鴉片，在殖民地卻開放鴉片，同時又禁止販賣給日籍士兵，這是將臺灣視為次等國民。

「這絕對是一種差別對待，但同時我們若以治理的觀點來看，鴉片問題有它複雜的一面。」日治初期，臺灣抗日運動四起，其中一個訴求便是：「日本人來了之後，我們就不能吸鴉片了。」同時，做為日本第一個海外殖民地，數任的臺灣總督都追求臺灣的財政獨立自主，而鴉片專賣的稅收可以支撐這個目的，並將稅收用之於基本建設。

早年鴉片稅收占殖民政府最高曾達到四成。「這個專賣制度不只為了錢，還有逐漸解決臺灣鴉片問題的目的。」日本政府在臺灣成立總督府製藥所（後來的專賣局），由政府直接製造、配銷，同時取締走私鴉片，這在當時是創全球之先。

總督府製藥所早期做出的鴉片銷售差，最後發現，嗎啡濃度高低並不是鴉片是否受歡迎的關鍵，過高劑量反而會讓吸食者不適，鴉片的受歡迎程度取決於「風味」，製造所延請數位「癮君子」在製藥所裡專門「試藥」。到了殖民中期，臺灣總督府還發展出一種獨步當時全球的技術：「在鴉片裡萃取出嗎啡，嗎啡出口賣錢，低劑量嗎啡的鴉片賣給臺灣人，逐步控制吸食狀況。」

日本在臺灣的鴉片治理得到其他國家的注意，美國曾派員來臺考察，企圖在菲律賓殖

14 許宏彬（2018）〈帳裏芙蓉小洞天？初探臺灣阿片使用者的吸食活動與空間〉收錄於《日本統治下的底層社會：臺灣與朝鮮》，中研院臺史所。

民地引進相似的制度。當時在中國主政的袁世凱也派員考察，想解決自清末以來的中國鴉片問題。

一九二〇年代開始，日本成為全球重要的麻醉藥品輸出國，除了在臺灣生產鴉片，也在東南亞、滿洲、朝鮮半島種植古柯鹼等麻醉藥物的原料。一次大戰之前，由美日英等列強合組的鴉片問題協會，在一次大戰後成為國際聯盟下的麻醉藥品管制委員會，企圖解決全球的毒品問題，但同時也是列強的「麻醉藥品外交」為自己的商業利益折衝談判的平臺。日本受制於國際壓力，打算以臺灣鴉片問題做為樣板。[15]

一九二八年，日本殖民政府原本已經嚴格管制煙牌，但無牌私抽者不少，為了控管這些「黑數」，決定在這一年卻打算重發煙牌並著手矯治無癮的吸食者，此舉引發文化協會林獻堂等文人的反感，認為是再次毒害臺灣人民。抗議聲四起之際，臺灣第一位醫生博士杜聰明主張將鴉片吸食者強制治療，與殖民政府的意見相合，於是總督府開辦「更生院」將鴉片吸食者強制送入院內隔離治療，並由杜聰明主責院內的治療與研究。

「這種由國家刑法介入，強制戒癮的手段在當時也是國際少見。」許宏彬說。在杜聰明之前，林清月醫師也曾對鴉片做大規模的治療，但林清月的治療方式較為緩和，採門診模式，患者不需要住院，醫師協助癮者維持日常生活及工作的能力，也尊重癮者的治療意願。林清月將鴉片成癮視為一種光譜，有各種不同的吸食樣態，但僅有其中一小部分為深癮者，不特別汙名化癮者、也不強調鴉片的負面形象。

更生院出現後，結合當時的民意，加速鴉片做為「毒品」的負面形象，不管有沒有煙牌，只要有吸食狀況就送院隔離治療。初期治癮的效果很好，但癮者出院之後，杜聰明的研究指出只有不到五成的受治者為矯正成績良好，其餘仍須警察的加強監督或再次入院矯治。隔離治療只是將「吸食毒品」視為一個獨立存在的行為，完全忽略吸食的行為如何鑲嵌在社會脈絡裡。

例如，鴉片在當時是娛樂消遣，也是社交工具，吸食者出院後，重回這樣的關係網絡裡，自然而然又再回頭使用鴉片。

不論杜聰明模式對戒癮的功效究竟如何，鴉片在日治晚期的確逐漸消逝在臺灣社會。許宏彬認為：「這和臺灣的財政獨立與戰爭開始有關。」隨著臺灣成為富饒的殖民地，鴉片專賣對於總督府稅收的重要性逐年下降，過去分為三等的鴉片，只留下最高價的一等鴉片可販售，造成的結果是一般大眾無鴉片可買，只剩富人家庭消費得起。此外，一九三〇

15 栗原純（2017）《日本帝國主義與鴉片》，臺大出版中心。

年代後期日本進入戰爭時期，鴉片提煉的嗎啡是戰場上治療傷兵的重要戰略物資，太平洋戰爭前夕，日本殖民政府已經開始控管鴉片買賣

國民政府來臺後，臺北更生院改名為臺灣省立戒煙所，由杜聰明及其學生繼續對鴉片成癮者做治療，一九四五年治療完最後一批鴉片吸食者，戒煙所結束營運，宣告鴉片時代的結束。

鴉片消亡還有另一個重要理由：鴉片的興起是伴隨整個資本主義發展，從大航海時代的貿易到東印度公司製造鴉片的工人，再到臺灣碼頭工人、夜間工作的精神調劑需求……鴉片的產銷是扣著工人生活和薪資結構的。當資本主義發展到一個程度之後，不再有時間和空間，容許一個人「無所事事」、「不事生產」花上半天的時間躺在煙館裡吸鴉片。許宏彬說：「日治時代一開始，第一群馬上戒鴉片的你知道是誰嗎？是政府工作的職員，因為要在現代機關裡，過著準時上下班的生活，生活節奏已經不適合抽鴉片。」

進入現代社會，同時也進入現代的「共時」的時間，不再是農業社會的日出而作，日落而息的模糊時間感。開始有上班工作與下班休閒的時間區隔，同時過去因移墾社會，人們的消遣娛樂有限，當現代性的時間出現之後，人們開始講求文明而健康的休閒生活。

鴉片這個古老而神祕的「不文明」行為被社會集體遺棄了。一個成癮物質，如何從食

材、藥材，一路演變成萬惡的毒品，最後又如何逐步消失。這個過程，涉及社會的物質條件、管理制度也和外在地緣政治、貿易利益有關。在英國念書的許宏彬提起，英國人不習慣抽鴉片，使用的是「鴉片酊」——一種將鴉片溶於酒精的水狀滴劑，可以加在牛奶和飲料裡。福爾摩斯的小說曾經描寫十九世紀東倫敦碼頭有鴉片煙館，一種龍蛇雜處的犯罪溫床：「鴉片在當年英國是一種感受東方情調的消費行為，卻也加深了伴隨鴉片而來的東方人汙名」他不確定現在的東倫敦還有沒有地下的鴉片館：「人們都說在那裡，沒有找不到的東西，包括鴉片。」

鴉片時代看似終結了，但有沒有可能古老的毒物，在新時代裡找到新的沃土，以新的姿態復古回歸。許宏彬想了一下：「這是一個很有趣，但複雜的問題。我們聽過工人用安非他命提神，古老的鴉片也曾用在夜間工作的人身上，鴉片會不會是另一種選擇？我不曉得……。但在講究速度與效率的現代社會，鴉片那種煙霧瀰漫的，閒散緩慢的生活樣態，或許已經不合時宜了。」

臺江內海因河道淤積早已無法行駛大船，鴉片跟著消逝的內海一起成為歷史。然而臺灣一直是東亞海運航線的重要據點，毒品依附在這條路線，仍然隨著時間，而不斷有不同的樣貌出現。

第二章　燃燒的福生三號

二〇〇二年五月六日早上九點，彭佳嶼外海一艘漁船開始起火燃燒。

接獲通報的基隆海巡署趕到現場，發現起火的「福生三號」上空無一人。這並非罕見之事。彭佳嶼是臺灣北部近海重要漁場，漁船為了追捕魚群，常得半夜工作，工作時間長，人易疏忽，加上海浪不穩，燈火稍一不慎，便容易引起火災。

船上的是一對兄弟，分別是四十五歲的謝金郎與三十七歲的謝進聰。當年警方和家屬一開始還心存希望，因為討海人大多水性不錯，他們以為二人因為起火，跳海游上岸了。

事發地點，離彭佳嶼不遠。

不過，事情還是有些不尋常。

近海漁船通常一趟出海三到四天不等，五月正逢小管、赤鯮、黑喉等魚季，福生三船上沒有任何一箱魚獲。更讓令人不解的是，福生三號一向以捕「紅目鰱」為主，而此時出海，早已過了紅目鰱的魚季。福生三號出海的目的究竟為何？

漁船火勢太大，最終在當日下午三點沉入海中。謝家兄弟仍音訊全無。警方一度認為，這是場起火意外，落海的二人則可能遇難。

二天後，中國漁船在彭佳嶼近海撈起二具屍體，屍體一人太陽穴遭開二槍，另一人則是頭部和胸前有貫穿的槍孔。原以為是一場起火意外，豬羊變色成了刑事命案。

空無一物的漁船，是否遭受打劫？從九〇年代開始，中國漁船常越界補魚，而彭佳嶼一直是漁獲豐富的漁場。有資深的老漁人向我們表示：「他們一開始是越界，後來大家討生活，變成我們跟他們買魚，帶回臺灣賣，還是賺。」而為了價格，或是文化的差異，海上交易的衝突時有所聞。

不僅是交易的衝突，也有漁船為了搶捕魚群而沒有保持距離，失速撞上。臺灣漁船時常與大陸漁船發生擦撞，大陸漁船上動輒十多名船員，臺灣漁船因捕魚器械相對較精良，人數不超過五人。擦撞衝突後，中國漁民上船搶劫漁獲，沒有漁獲，則搶走船員身上的現金。

不僅是漁民間的衝突，一九九七年甚至還發生過大陸公安船宣稱臺灣漁船越界，登船搶走漁獲及船長身上的現金五百元。九〇年代這裡的漁船，因各種漁事爭議遭中國公安扣押的例子也非少數特例。

黑潮洋流在此北上，洋流帶來豐富的漁資源，也帶來了各種人為爭奪資源的糾紛。

謝家兄弟之死是遭逢搶劫嗎？船上空無漁獲，可能是被登船的中國漁船搜刮一空？整個八斗子漁港的人們議論紛紛。一九九四年才剛發生臺灣遊客在千島湖旅行，遭搶劫後，整船二十四名遊客、八名船員及導遊在船上活活被燒死。兩岸彼此不信任的氣氛濃厚，再加上，與中國漁船糾紛搶劫時有所聞，地方小漁村裡的人幾乎認定謝家兄弟是遭惡煞搶劫了。

然而，從後續出現的物證卻又說明，這並不是一場搶劫。從海上打撈起的二具屍體，船長身上還有二萬元的現金。警方開始懷疑，這個案子應該是跟走私有關，走私到會殺人的程度，則很可能是跟人蛇偷渡有關。

彭佳嶼周邊不僅魚獲資源豐富，同時也是重要交通航線。臺獨教父史明在回憶錄裡曾提過，自己多次從日本偷渡回臺，便是搭乘日本漁船在彭佳嶼附近的礁岩上休息，再趁夜色轉搭臺灣漁船從基隆上岸。

這裡不僅是北上日本的重要航道，同時也距離福建平潭不遠，開船只要四十分即可到達。臺灣掃黑之後，不少黑道大哥便也是一樣從這片海洋，偷渡到中國大陸。

漁民間的走私更是常見，早在臺灣解嚴後，這裡的中國漁船變多了，原本臺灣漁民是拿電器、收音機賣給中國漁民，由於當時臺灣兌換人民幣困難，海上漁民交易大多以黃金、龍銀為貨幣。之後，黃金、龍銀假貨過多，兩岸的海上貿易又改成以貨易貨，大膽一些的臺灣漁民則是偷偷在福建靠岸，直接用新臺幣交易。

這些交易的走私貨五花八門，一開始是當地的農產品、骨董文物，後來則是黑槍、毒品原料，甚至是偷渡客。一名當地老漁人回憶當時「盛況」：「漁港有在做這種『黑』的生意，大家多少都有聽說，就是固定那幾艘在做。尤其那種出去船空空的，回來船也空空的，都很有問題。」

警方懷疑謝家兄弟之死跟偷渡客有關，因為漁會監控的雷達上發現，當福生三號在彭佳嶼附近時，同時也有一艘漁船在附近兜轉，船一直繞著彭佳嶼繞圈圈，像是在等人，也像是在找什麼遺落的失物。這艘船是鴻漁一號。

繞圈圈的漁船鴻漁一號船長是戴志明，八斗子漁港的監視器拍到戴志明上岸的畫面，他臉上和手臂都有大片燒傷。他先到國軍基隆醫院包紮後，隔天就出國到了澳門。

同一天出海的，還有余國明的新合益十二號漁船，余國明的船曾有運載偷渡客的傳聞。加上從漁會的雷達監控發現，新合益十二從基隆出發後，先在平潭停靠，再到棉花嶼與戴志明的鴻漁一號接觸，鴻漁一號再到彭佳嶼附近等待福生三號，最後與之碰頭。

警方從雷達上的光點的移動路線，以及光點與光點的靠近痕跡，勾勒出這趟走私的旅程樣貌：走私通常不會一船到底，從離岸到上岸，都有不同的人負責，設下斷點，以降低被追查的風險。

警方認為，余國明從平潭接偷渡客到棉花嶼，再由戴志明把偷渡客接到彭佳嶼海上，交由福生三號謝家兄弟將人帶回上岸。因不明原因，福生三號不願將人送上岸，發生衝突，意外出了人命，最後選擇燒船滅跡。

於是一起原本以為單純的起火意外，從搶劫謀殺，又轉為偷渡客糾紛。沒多久，這樣的假設又再被推翻。

警方的監控發現，余國明與一位毒販楊國傳有密切聯繫，余國明沒有毒品前科，突然密集與毒販聯繫，而且還是北部知名的毒販。尤其，福生三號案發後七天，楊國傳也逃到中國廣東。種種跡象顯示，余國明手上可能有一批毒品，等待出貨。

更不尋常的是，余國明不斷聯繫滯留中國的戴志明和楊國傳，要求二人快點付清「交通費」。楊國傳為處理這筆「交通費用」，只好回臺灣處理，加上福生三號見報的消息仍是集中討論人蛇走私或是搶劫有可能，他誤判以為風頭已過，可以安全入境。戴志明也略早他一步返臺。

不料，兩人先後一抵國門就遭刑警逮捕。警方依楊國傳的供詞，在他家中及下游的毒販手上取出一百二十四公斤的海洛因，六袋K他命以及三把中共製紅星手槍，這是二〇〇二年以前，史上最高的毒品查獲量。

隨著相關犯罪嫌疑人都遭捕，這起漁船起火意外的真相才真正浮出檯面：楊國傳自稱是調查局的毒品案線民，得知逃亡中國的毒品通緝犯「林董」手上有一大批海洛因，找上八斗子的漁民謝家兄弟運毒。

楊國傳探得整個運毒路線，心生惡念，計畫劫毒，想把林董的貨全占為己有。另找了戴志明和余國明中途攔劫這批毒品。他們不僅是單純地劫毒，為了避免留下跡證，楊國傳還安排了二位中國籍的職業殺手，由戴志明和余國明接送至福生三號上殺人滅跡。

為何楊國傳如此大膽，敢進行這次搶奪？當時代表刑事局參與這起毒品查緝案的緝毒刑警回憶當年：「在中國的林董無法回臺，這筆生意本就很多變數，而且外傳，林董找謝家兄弟運毒，也是楊國傳牽線，他對這個案件的細節太熟了。此外，這是第一次從北韓運毒，整個路線是新的，很多『行規』還沒建立起。」刑事局當年推測，福生三號在彭佳嶼北面的公海上，直接與來自北韓的船隻交易。

根據二〇〇三年的《Time》報導，北韓因經濟崩潰，糧食欠收，整個國家財政陷入困境，政府出面在境內種植罌粟花，遠從金三角高價找來煉毒師父做「技術轉移」，甚至還傳出在泰國各地綁架技術精良的製毒人員到北韓製毒。[16]

這樣的傳說在許多「脫北者」口中得到證實，一名匿名脫北者在二〇〇三年向美國國會證實，北韓從一九九七年開始便由金正恩親自下令，種植海洛因原料：罌粟花田，估計約有四千二到七千公傾的面積。

一九九八年南韓國家情報院亦有相同的觀察結論：金正日曾指示，為了賺取外匯，必須發展種植罌粟產業，並以「桔梗事業」稱呼這個計畫。北韓民間社會長期有將鴉片視為傳統治病藥材，各種疼痛、拉肚子都會以鴉片類產品做為舒緩病症的藥劑。民間社會對這類產品抗拒不大，八〇年代之前早有零星種植，九〇年代政府開始放任民間種植，最後造成北韓內部的嚴重毒品問題，不少脫北者證言，吸毒案北韓警察大多不管，因為人數太多，管不了。

北韓的海洛因不僅出現在基隆外海，二〇〇三年四月，遠在澳洲的一個偏遠小鎮，也在一艘船上查獲五十公斤的海洛因，而該船上有三十名北韓籍的機組人員。北韓經營的毒品不侷限在海洛因，九〇年代安非他命的需求量大增。北韓從各國進口被管制的製安原

16 Anthony Spaeth (2003) Kim's Racket, *Time*. 2003.06.09.

料「麻黃素」。一九九八年泰國攔截二噸正運送平壤的「麻黃素」，當時進口北韓的理由是：製作抗過敏藥物，以對抗花粉症。不過，這麼大量的麻黃素，若製成抗過敏藥物，足以讓北韓人民使用一百年。[17]

從海洛因產業的移動，幾乎也可以看出國際地緣政治權力角逐的變化。

金三角一直是海洛因的重要產地，雙獅地球牌成為世界知名的海洛因「品牌」。當地的海洛因產業不僅是罌粟花的種植，還有中游的精煉工廠，整個產業養活在滇緬泰邊界的少數民族。這是一個既是人力密集，也需要廣幅土地的「產業」。這個產業能在金三角落地生根多年，更重要的是當地權力中空的狀態，使這裡成為一塊長期處於管理失能的「灰色地帶」。

國際社會出現這類「灰色地帶」時，便會成為滋養毒品這類地下經濟的沃土，例如阿富汗的神學士政權也曾有計畫種植海洛因，發展毒品產業。二〇〇〇年初始，北韓國際上面對國際越來越孤立的狀態，國內經濟崩潰，動盪的灰色地帶於是需要這種走在鋼索上的暴利事業。

是而整個亞洲的海洛因有三大來源：金三角、阿富汗以及後起之秀的北韓。

調查局外事站主任朱正聲在其研究報告中，將福生三號事件視為臺灣毒品開始與全球化產業鍊「接軌」，報告內容指出：臺灣過去的毒品大多是從金三角，經中國二次加工後，再由東南沿海進入臺灣。臺灣的毒販因市場較小，鮮少能有直接向產地訂貨的能力，也少有議價的空間。[18]

福生三號事件則是直接向產地訂貨，從運輸到後端的配送消費，全是由臺灣人介入的特殊案例。

臺灣在九〇年代開始，近海的漁船開始走私毒品原料，地點大多是在西海岸。根據內政部警政署的數字，新竹南寮漁港幾乎在九〇年代是毒品登陸的冠軍，宜蘭頭城周邊是沙岸加上洋流的緣故，也是毒品上岸的熱區，地方上有不同的黑幫勢力多年來一直以運毒為業。

九〇年代以前，毒品走私大多靠貨船、航空等方式運送。主要因為戒嚴時期，漁船禁止與中國方面接觸，海洋管制嚴格。再者，中研院民族研究所研究員黃樹民的田調發現，九〇年代開始，金三角的毒品產地因美國等國際壓力，開始尋求轉型。泰國政府介入輔導

---

17 楊順清編譯（2004）〈美指控北韓政府製毒販毒〉，《聯合報》，二〇〇四年三月三日A十四版。

18 朱正聲（2007）《全球化下我國緝毒工作之研究》，國立政治大學國際事務學院國家安全與大陸研究在職專班碩士論文。

當地農民轉做果樹等高經濟價值作物，一時之間，金三角產量銳減。不只量減少，金三角罌粟花的種植往邊界更隱密的地方移動，使運出成本更高。[19]

因產量減少，毒品價格跟著推高，走私的利潤也跟著豐厚。漁村趁著海洋解禁、高收益的走私業，鋌而走險，加入運毒的行列。對毒品上游來說，近海的短程運輸，成本較低，航運線短，風險相對也低。

基隆八斗子漁港也有走私活動，但毒品運輸當年仍屬少見。這裡漁船活動的漁場漁資源較豐，漁船的技術也較為精良，因此在收入上也比其他漁港的收入稍好，也比較沒有必要冒險從事違法生意。

解嚴後的彭佳嶼海域開始出現中國漁船，與中國的走私交易一開始只是「業外收入」，隨著漁村人口老化，加以走私的需求越來越旺。走私開始慢慢成為基隆漁民偶而為之的「意外之財」。

謝家兄弟缺錢嗎？根據當時的警方調查，謝家稱不上富裕，但二兄弟沒有欠下任何款項，也無不良嗜好。唯一會稍顯困窘的是老舊的漁船「福生三號」，當漁港的漁船紛紛換上質輕、速度快的玻璃纖維船體，福生三號仍是全船木質，外觀經海風吹蝕，即便結構硬朗，但外表看來仍有些老舊。

根據余國明的筆錄，他駕駛新合益十二號從福建平潭運來二位殺手，他供稱，以為這二人只是來監督貨物交易，沒想到是殺人。他將二人運到彭佳嶼附近的棉花嶼交給戴志明，再由戴志明駕駛鴻魚一號，將二名殺手送上福生三號，搶奪毒品並殺了人之後，再將屍體綁著船錨丟入大海。最後，他們再用一把火將福生三號燒毀，企圖將此事營造成意外失事。

他再將人載回棉花嶼，交給余國明，再由余國明將人送回平潭。這個看似天衣無縫的黑吃黑計畫，卻還是露了馬腳

沒想到老舊的福生三號燒得慢，意外留下破案線索。凶手原本打算將船燒毀沉入海中，船體會順便將綁著船錨的屍體一同帶入深海。一般玻璃纖維船體，三小時之內就能燒個精光，他們沒料到的是木造的福生三號燒得慢，一路從早上九點燒到下午三點才完全沉入海中。

這段時間，二具屍體綁在船錨上，卻因沉沒時間過長，沒有快速隨船沉入海中，脫落船體，隨著海流漂到附近的礁石，意外被中國漁民打撈上岸。

19 黃樹民（2021）《借土養命》，春山出版。

謝家兄弟為何參與運毒？地方上眾說紛云，當年警方調查推測，謝家兄弟很可能只是為了籌錢換船。謝家的船是專捕紅目鰱，這種魚在淺海時，只會單獨出沒在礁岩地區，捕捉不易，需要長期的經驗累積才能知道在哪裡下繩。漁船大多採用延釣方式，即在一條長索從船尾放下，在長索上固定距離垂放釣繩。收、放釣繩都十分繁瑣。

九〇年代開始，紅目鰱在淺海的數量開始變少。紅目鰱在淺海是單獨覓食，但在深海裡，卻有群居的特性。臺灣漁船開始改變方式，用深海拖網的方式捕撈，不再需要用麻煩的延釣，一張大網，就能將魚群一網打盡。

解嚴後，中國漁船的跨境捕撈，帶給基隆漁民的生存壓力，同時因為海洋解禁，臺灣海釣客開始流行搭船出海釣魚，承攬海釣客出海成了漁民的一筆不錯的業外收入。

只是這種時代的轉變，謝家剛好都承受了不好的那一面。即便只是想繼續過昔日的小日子，想辦法再捕撈紅目鰱，但船上設備老舊，必須更換新的拖網。若要增加業外收入，老舊的福生三號並不吸引海釣客，木造船體也跑得不如玻璃纖維的新船。這些都需要錢，謝家可以依規定申請貸款，只是知道有這樣一個「賺快錢」的路，還是受不了誘惑。

事件發生當年，謝家人對余國明非常不諒解，他是謝家人的老鄰居，與死亡的謝進聰甚至還是從小到大的玩伴。余國明也是漁民，他甚少出海補魚，卻可維持日常開銷並且出手大方，地方上傳言他是在做各種走私。漁村裡，像余國明這種沒有出海捕魚仍出手大方的人大有人在，他們和余國明的差異僅僅在於有多大的膽量在違法的世界裡拚博。

余國明的漁船行跡曾與人蛇集團的運輸船有不尋常的密切接觸，警方一度懷疑余國明也參與了走私偷渡客的行動，但無直接證據，最後不了了之。

不論是余國明還是謝家兄弟，都是九〇年代後期漁村的縮影：漁資源開始減少、對岸的漁船競爭、設備更新的困難。也在差不多的時間，北海岸的漁村也開始出現新蓋成的各式「渡假小屋」。臺灣名聞一時的「廢墟」飛碟屋也在這個時間出現，除了宛若天降的奇幻別墅之外，北海岸還有二十四小時香客絡繹不絕的十八王公。

那是一個睜開眼，錢就不斷滾進來的年代，來自漁家的謝家兄弟與余國明走在這樣的海岸邊，故鄉已經不是他們認識的樣子。他們和一般人一樣在那個時代也想翻身，也想拚博。他們跟別人不一樣的，可能也只在於，慾望強了點，而膽子又大了點。

十八王公廟一直到現在仍香火鼎盛，各種做小生意的商人在此祈求生意興隆，北海岸興旺一時的地產行業，現在只獨留一叢又一叢宛如鬼城廢墟的「渡假小屋」。

假日的八斗子漁港，遊客如織，為了因應遊客需求，附近開起了文青咖啡館、各色海產店。真的出海捕魚的近海漁船已經越來越少，漁船一靠岸，漁貨幾乎瞬間賣完。即便如此，附近的海產店仍強調自己的漁獲是「現撈」的。這裡已經沒什麼人記得福生三號，毒品走私也只剩零星案例是從此處上岸。島內的毒品主流也從海洛因，走向安非他命及各種新興藥物。

二〇一三年，此案定讞：主謀楊國傳被判無期徒刑，共犯戴志明、余國明則判處十五年徒刑。福生三號案子終結，此案開啟了近海漁業運毒的重要角色，只是隨著中國經濟發展，中共境內也開始嚴厲掃毒。近海漁船的運毒事業受到了挑戰。

接著出場的是遠洋船隻，毒品業者投入更高的成本，發展出更漫長的運毒路線。

第三章　臺版古茲曼的船隊

二〇一九年，郭子弘才剛上任臺東縣警局局長的第九天，宿舍裡的行李還沒卸完，他接到電話通知——警局裡一位高階警官涉嫌販毒，這是臺灣治安史上第一例。郭子弘位子都還沒坐熱就發生這等大事，他心想，自己的官位可能不保，行李應該不必卸了。

這位涉毒的警官是剛調任縣警局刑警大隊、二線二星的李哲銘，消息傳出時，他已曠職五天，不見人影。販毒是在李哲銘上一任工作時發生的，當時他是蘭嶼分駐所所長。讓郭子弘心驚的不只是第一次有高階警官販毒之事，而是這種事為何會發生在偏遠的蘭嶼離島？擔任過緝毒刑警的他，記憶所及，查緝走私毒品，大多是基隆八斗子漁港、新竹南寮，而這次事件卻發生在觀光離島，這種治安相對單純，警力鬆弛的地方。

離島人口單純，不太有重大治安事件，離島警察接觸最頻繁的對象不是當地住民，而是隨觀光熱季而來的觀光客。二〇一九年疫情爆發前，蘭嶼觀光客相較其他離島，人數較少。對外的交通船，僅有一艘「藍悅號」。藍悅號除了載客往來之外，偶而也接客到近海做海釣。

外島工作清閒，李哲銘卻有發財夢，每隔一段期間就進出期貨市場，幾年之間，竟然賠了一千多萬。於是惡向膽邊生，他看上蘭嶼唯一對外的交通船隻「藍悅號」，船主鄭程維亦欠了賭債，二人一拍即合，找上了「宜蘭幫」的販毒集團，這群以花蓮、宜蘭為基地，是近年來興起的毒品走私集團。他們打算從海上走私毒品到蘭嶼，再派人假扮觀光客將毒品帶回本島。

藍悅號在蘭嶼外海交貨時遭海巡隊查獲，船上八百多公斤的安非他命。與藍悅號同時出現在蘭嶼海面上的還有臺東富岡漁港的金海銘號。警方原以為二船都是同一集團的運毒船，追查停在富岡漁港的金海銘號，果真船上有六百公斤的K他命。

然而，細查之後卻發現，這二艘船貨源不同，金海銘號的貨來自泰國，而藍悅號的貨來自柬埔寨。二艘不同的運毒船，同時出現在蘭嶼外海，這很不尋常。郭子泓馬上意識到：「臺灣運毒路線，有另一條路線是在臺東、高屏一帶發展，這是我們之前沒注意到的。」

警察大學國境警察學系教授柯雨瑞分析，臺灣的毒品走私以貨櫃運輸和漁船海運為主，其中貨櫃的成本高，面對嚴格的入關檢查，難度也較高。臺灣是海島國家，漁船走私一直是最常見的。柯雨瑞寫於二〇〇六年的博士論文便是以臺灣毒品為主題，當時的數據也顯示走私大多從北臺灣登陸。

李哲銘一路逃亡，甚至曾偷渡出海，但同行共犯心臟病發，船長驚嚇之餘，拒絕繼續前行，最後折返，無路可逃的李哲銘最後輾轉落網。南臺灣這條海上的「運毒絲路」在藍悅號事件發生後三個月，證明並不是特例，也不再只是警方口中推論的假設而已，而是更實際地浮出檯面。

二〇一九年九月二〇日，臺東縣南田村的海邊，有遊客撿獲一大包飼料麻布袋，拆開後，裡面是一塊一塊方型的白磚，白磚上印著雙獅圖案。南田村是一靠海的小村，海灘上因有類似潑墨畫線條的南田石而聞名。南田石在日本、中國極受歡迎，上等石頭可比擬黃金價格。

南田村民大多為排灣族人，年輕人大多外出謀生，這裡是進入阿塱壹古道的入口，對外僅有一條縣道南進入屏東，北上可連接太麻里、臺東市區。村內僅有三間民宿，一家便利商店，遊客多半是要到古道的過路客，中途會在進入古道前的「最後一家」便利商店上個廁所，順便沿著南田海邊看看海景，或試試運氣，看能否撿拾到高價的南田石。結束這二個行程，便會離開南田。偶有環島的遊客才會選擇在當地過夜。

從小在臺東長大，曾派任過管轄南田村的大武分局，現任臺東縣刑警大隊的隊長許健坤告訴我們，大武、南田這一帶的海邊，除了南田石，岸邊有時還有漂來的屍體，有時還會有香煙、洋酒各種貨品。

南田村再往南，則是墾丁國家公園，墾丁戲水落海的人，則會隨著洋流漂上南田海岸，亦曾發生過在高雄跳河自殺的人，屍體漂到此地。高屏一帶除了戲水遊客之外，海岸還有各大大小小的碼頭，碼頭除了停靠漁船，也偶有走私商品因各種原因走私品落海漂到此地。

洋酒、洋菸一眼即能辨認，這次遊客撿到的有些不尋常，岸邊聚集人群議論起來。麻袋裡的白磚印著雙獅圖案，logo寫著雙獅地球牌，下方則是一句：一帆風順。大部分的臺灣人一輩子沒真的碰過海洛因，但大多在香港的警匪片裡見過毒物的模樣。

果不其然，大武分局收到遊客撿獲的是三十二塊海洛因，立刻警覺心大起。三個月前才發生藍悅號、金海銘號，現在則是海洛因漂到門口了。許建坤在臺東當了超過二十年的警察，大部分的刑案都只發生在臺東市區，而且多是竊盜和零星的吸毒案，出了市區幾乎少有刑案。大武一帶警察最多的業務可能就只是幫部落老人送醫和解決鄰里糾紛這類的小事。

此外，大武沿岸是驟降的岩岸，岸邊下方岩壁內拗，造成洋流複雜，每年都有發生遊客落海意外，而落海不幸溺斃的遊客通常找不到屍體，幸運一點，屍體會隨著黑潮北漂到沖繩才被撈起。這種險惡的海岸，不利於走私登岸，這批海洛因跟過去的洋菸洋酒一樣，不可能從南田上岸，較合理的推斷應是從高屏地區漂來的。

出了臺灣東側的南田村，在臺灣島西側的另一端，高雄前鎮區，是林孝道長久的地盤。這位講話帶著濃厚南部腔，臉帶幾分「兄弟」氣質的「大哥」出生自屏東內埔的農家，父母皆是地方老實的農人，收入微薄，但也能溫飽。只是一方水田，終養不了一家近十人，林孝道十多歲時，便離家打拚。

一位資深刑警解釋：「不是有小弟跟，就是黑道大哥，林孝道嚴格來說不能算是黑道，他不屬於任何幫派，是做賭場起家。」林孝道「出道」是在屏東一帶當起賭場圍事，看著賭場經營者巨額的利潤，起心動念也開始「創業」。他先是在屏東經營住家式的小型賭場，幾年之後，擴展規模。

然而屏東終究是農漁業城市，發展有限。林孝道看上當時工業蓬勃發展的高雄，北上發展。林孝道頭腦很靈活，加上又夠狠，很快就在地方站穩腳步。他為了和當地既有勢力搶奪經營賭場的權力，先是和幾位地方大哥結交關係，共享賭場利益，但一旦翻臉，凶狠的程度連道上大哥都忌憚幾分。

八〇年代的高雄前鎮區遠洋漁業正興盛，一位曾經歷過那個黃金年代的吳姓船長還記得當年的盛況：「船還沒靠岸，船東就把賓士車開到岸邊當訂禮，要跟你簽下一趟的約，跑一趟船，可以賺一棟樓仔厝還有剩。」岸邊的委託行賣的是船員帶回來的「舶來品」，銀樓做的則是船員的地下匯兌，更檯面下的生意則是，興盛的色情業和賭場。

林孝道興起於這樣的時代，日進斗金，但他並不安於現狀。高雄除了是漁業，還是工業重鎮，有大量的勞動人口。在經濟興盛的八〇年代，高雄人雨露均霑，除了跑船致富的船員，還有大批的藍領工人過著中產生活。彼時安非他命尚未明文禁止，運送貨櫃的長途司機、輪班的工廠作業員需要提神物質，安非他命是美好生活裡的一帖神藥，而這些藍領因收入不錯，常一擲千金買藥不手軟，也間接造成南臺灣一片欣欣向榮的毒品產業。

一位來自高雄，曾在八〇年代吸毒成癮的道上「兄弟」轉述當年的生態：「那時候高雄（黑道）不太做毒的生意，傳統還是多半有點看不起這樣的事，高雄當地的黑道多半是地方小型的，沒有外省竹聯那種全臺串聯，他們比較有大陸或是金三角的門路，才能弄到藥。」在這個大家不願碰的「產業」，林孝道看到了機會，從安非他命、海洛因一路賣到K他命。

九〇年代中期，林孝道已經成為高雄最主要的毒品掌控者之一。一位當年在高雄市任職的刑警回憶：「我們捉到的煙毒案，十件有八件是跟孝道仔有關，他很小心，我們一直找不到有直接證據可以辦他。」當年時常發生販毒的小弟，為了搶盤而火拚，最後擺平衝突的是林孝道，因為「發生衝突的二個小弟的貨，追到最上游，都是林孝道的。」

和同時代其他的高雄毒販相比，林孝道顯然更有「生意頭腦」，他不只讓手下的小弟做街頭零售，同時還讓不同小弟都不知道彼此的貨源，而且拿到不同的價格，彼此競爭。另一方面，也可防止小弟被捉時，供出整個銷售網絡。他不僅掌握大量的貨源，也靠江湖的恐怖平衡，讓自己一直擁有制定價格的最後權力。

根據警方的搜索紀錄，學歷不高的林孝道書架上有二本書，一本是介紹墨西哥毒梟古茲曼（Joaquín Guzmán Locra），另一本是與哥倫比亞毒梟艾斯柯巴（Pablo Emilio Escobar Gaviria）有關。古茲曼原只是哥倫比亞毒品運往美國的路線上其中一位中間人，但為了擴大規模和利潤最大化，古茲曼在美墨邊界運毒無所不用其極，包括挖地道，壟斷了運輸的工作，他的角色也因此從中間人反轉成為掌握毒品價格的決定者。[20][21]

---

20 卡門．波露（2015）《毒梟之國》，好優文化。

21 羅伯．海格（2011）《慕色拉行動：我與黑道、毒梟、暗黑銀行界周旋的日子》，三采文化。

從單純的街頭販售，林孝道也企圖從古茲曼身上借鏡，在運輸角色上著力，達到壟斷價格的效果。

林孝道的古茲曼帝國大夢，從南田海邊開始露出崩敗的預兆。

大武、南田海岸入夜後，除了天氣好時，尚有星光，其餘就只有無止境的黑，連路燈也少見。往來南北，只有一條縣道，郭子弘剛從藍悅號案陰影走出來，他因督導不周被記了小過。南田的海洛因磚讓他一下子又繃緊了神經，幾名同期的警官都笑他官運欠佳，明明是偏安的鄉下，還是能大小事不斷，連海洛因都來了。

如果有時光機，以後見之明的眼光回看這一切，此刻的郭子弘應該要感到幸運才對。海洛因磚漂上岸的南田，往來只有一條縣道公路，公路上固定幾公尺便有一臺監視器，再配合警方的車牌比對系統，臺東警方輕易就在路上比對出可疑的車輛。

系統很快就比對出一位退役空軍軍官鍾國偉在海洛因漂岸後，密集出現在大武海邊。鍾國偉是高雄內埔人，曾在花蓮志航基地服役，他跟南田一點淵緣也沒有，卻不斷出現在南田，行跡可疑。再進一步探究鍾國偉的背景，他出身於內埔的眷村，一直與外省幫派有往來關係。退伍後，在花蓮開設了小吃部（俗稱茶館的色情業），賠了不少錢又回到內埔老家。內埔的鄰居傳言，他不只做生意賠錢，還在外欠了不少賭債。

為了還債，鍾國偉也趁著緬甸開放、中國投資金三角經貿的機會，前往緬甸做進出口貿易。在緬甸不到三年，鍾國偉又回到老家，每天神祕兮兮，早出晚歸，鄰居們也搞不清楚他在做什麼生意。

警方跟監發現，鍾國偉在內埔一處學生套房大樓，租了一間套房。每次前往套房的路上，必會中途換車，再開車前往。臺東縣刑警大隊的巡佐大多是剛畢業不久的警大生，他們也假扮學生，剛巧遇到鍾國偉周邊的房間有空房，租了房間。一群五人，就擠在五坪大的小套房裡等待機會攻堅。

在這樣純樸的鄉下當警察，難得一遇此等大案，他們也沒預料到最後逮捕的毒販上游竟是臺灣有史以來，前三大的運毒案。攻堅那天，年輕的巡佐們一時緊張，還不小心掉了鞋，赤腳追人。

最後，警方發現，鍾國偉在內埔的套房裡藏了一袋二十六公斤的安非他命，另有一百五十二塊海洛因磚。人贓俱獲之外，鍾國偉還是毒品名義上的「金主」，幫他運送的，則是林孝道的船隊。整個臺東警局的巡佐們根本不知道林孝道是誰，只有曾經任職過高屏地區警政單位的郭子泓才明白手上這個案子將是臺灣少見的大案。到底這些毒品是如何漂向海洋的？

這一袋雙獅地球牌的海上漂流，要從東港這個地方說起。

走在東港鎮的老街上，只有幾片日式洋風的殘破建築牆面，方能一嗅這個小鎮悠遠的歷史。因為是天然良港，自清末以來，東港一直是臺灣漁業的重地，遠在光緒年間便有東港街的建置。自一九五〇年代開始，政府有計畫扶植遠洋漁業，東港的鮪釣船隊全球聞名，有些遠洋船上，為了利用直昇機追尋魚群，還在船上設有停機坪。

在以農漁業為主的屏東縣，東港鎮的每人報稅收入一直是屏東縣的前三名。在農漁村人口蕭條、全臺少子化的時代，東港鎮的人口反而一直是逆勢成長，直到二〇〇七年才反轉，每年緩慢減少。

沿著東港鎮中山路一帶輻射出去的老社區，是尋常可見的南部透天厝，不過，從實價登錄網站和尋訪當地房仲業者，這些超過二十年的透天厝都要一千五百萬到三千萬元之間，在屏東地區是少見的高價。當地人的社群網站還流行一種說法：別小看路邊乘涼的阿伯，他家可能有好幾艘漁船在海上跑。

富有的小鎮有極平凡的外貌，這裡入夜之後，幾乎沒有夜生活，小鎮只有一間大型KTV，下午五點才營業。稍可一窺小鎮金光閃閃的一面是，地方最大的信仰中心「東隆宮」廟埕前，那道貼滿金箔牌樓大門。另外還有，路上偶而可見價值四、五百萬一臺的進口房車。

在市場接手家族魚丸生意的阿海則告訴我風華的另一面：「東港有錢人大多是上一代，像我們這樣年紀的，是沒辦法才留在這裡。」阿海今年四十歲，他有一群三十幾歲的男性朋友，都是在市場工作，收入也僅是勉強生活而已。再年輕一點的，便是選擇到高雄的林園工業區工作。傳說中有錢的東港人果真只能是「阿伯」，從來都與阿海這個世代的東港人無關。

再往東港的碼頭走，越靠海邊越有東南亞的氣氛，不只是海風溫熱，還有路上盡是深膚大眼的外籍移工。漁工也在地方「生根」，他們沒有駕照，改騎裝修過的電動車，並把車子改裝得極為花俏。夜裡在碼頭移動，像是一臺臺歡樂的電子花車。

外籍漁工在海上不時有傳出虐待事件，但就算是臺籍船員在船上的日子也非常難熬。阿海的朋友也少有人上船，「上船生活很苦，機會也越來越少，收入也沒有傳言中的多。」

以每年東港的漁獲量來看，近三十年之間，年捕獲數已攔腰減少一半以上。海洋資源枯竭，船東壓低成本，寧願起用便宜外籍移工，而船員的薪資已無昔日天價，年輕人寧願到工業區上班，拿略低的薪水，也不願一整年在海上漂流。

一如林孝道發跡的高雄前鎮區，他在東港也嗅聞到商機。有證據顯示，早在二〇〇四年，林孝道便在東港當地四處向人購買漁船牌照。因漁業蕭條，政府已停發漁船牌照，想建新船的人則需向舊船購買牌照。外傳林孝道在此時已開始建立自己的船隊。

一位東港當地從事漁業相關工作的李先生分析：「說船隊可能有點誇張，我沒聽過有這種事（指林孝道的船隊），那個資本要很雄厚，如果真有船隊，大家早傳開了。比較可能的是他買中小型的塑鋼漁船，這裡很多私船都是這種的。」我們從警方揭露的林孝道「船隊」照片，證實他的漁船也並非可停放直昇機的大型海船。

李先生還指出：「走私這種事，漁港很常見，不要說東港這種大港，連宜蘭烏石港都是走私重地。只是以前大家走私菸、走私動物、走私黃金，什麼都有，但比較不敢做毒品，這個判太重了。」林孝道集團裡，負責運送接駁的都是東港、小琉球的專業漁民，古茲曼是在美墨邊挖地道專業運毒，林孝道效法他的精神，則是在海上建立一個專業的運輸體系。

打開世界地圖，將林孝道運毒的每個節點，一一拼湊，會發現是這一條過去從未出現過的「毒品大航海路線」：從泰國出發的船航行到公海時，將貨物交予林孝道的漁船，再從公海運到臺灣近海時，再由舢板等小船將貨接駁靠岸。這種三級運輸方式充滿彈性與靈活調度，可降低被查獲的風險，同時又設了「斷點」，讓追查不易。

當時任臺東縣警局局長的郭子弘則分析這種運輸方式的優點，他向我展示手機裡的幾張照片：「你看，這些都是蘭嶼周邊的無人島，有些是礁石，漲潮時就會不見，林孝道的貨就是藏在類似這樣的地方。」郭子弘在藍悅號案發生後，特地走訪蘭嶼當地，調查毒品存放的地點。這次林孝道也採類似的手法，將毒品運到小琉球近海礁石上，再由一對陳姓兄弟漁民駕駛舢板，從礁石上將毒品運回小琉球。「外島有各種大大小小的無人島和小礁石，這個你怎麼查也查不完，是最安全的停放地點。」

這種熟知地方礁石位子、漲退潮時間的必是當地的漁事相關專業人員，郭子弘還發現，林孝道也跟當地的潛水員聯繫過，要求潛水員以潛水的方式接近礁石取貨。而這次漂流到臺東南田海岸的海洛因，便是接貨的舢板，在礁石取貨時，因舢板的馬達異常，突然加速，不慎將整綑的海洛因掉落在海裡，隨後因洋流影響，跟著海流往北漂，在南田海邊上了岸。

負責接貨的是一對陳姓兄弟檔，他們原就是當地的漁民，他們在外欠了賭債，為了錢鋌而走險。從藍悅號的船東到小琉球的陳氏兄弟，全都是因賭而「下海」。這並非巧合，這和漁業從業人員，尤其是遠洋漁業生態有關。

東港夜生活平淡無聊，連夜市也只有假日才會擺攤。臨鄰夜市附近小巷裡，有各式小吃部，小吃部賣的不是小吃，是帶著春色的平價茶館。一般而言，茶館的消費者年紀偏高，但在東港，娛樂花樣少，消費主力仍是三十到五十歲的年紀。再往林園工業區方向走，新園鄉寬闊的省道上，入夜後則是開著曖昧燈光的各式茶館，從漁工到工業區的作業員都是消費的顧客群。

阿海便常和朋友一起到茶館消費，他的朋友們平均只有三十餘歲：「這種地方看你要麼玩，便宜可以玩得很便宜，例如一次五百元，檯上有人唱歌，唱一首的時間，小姐在下面幫你吹。也有叫酒叫菜，有小姐陪，一次要五千、一萬的也有。」小姐們大多是越南背景，年紀約三十歲左右，少數臺籍的小姐都過五十了，「但保養得不錯，她們不講，你也看不出來。」

不像臺北市這類都會區的「小吃部」多半只陪酒、唱歌，少有性的服務，東港小吃部以敢玩、能玩聞名。阿海說：「拔陰毛、咬奶頭都有看過，只要事先跟小姐說好，都沒問題。」不論是屏東的東港，抑或高雄的前鎮區，遠洋漁船靠岸處，必都有春光滿溢的色情業。

東港市區有密度極高的各式手搖飲連鎖店，船員常會一次訂數十杯出海，體力工作偏愛甜膩濃烈的飲料，高果糖食物像是一種詐術，欺騙身體不會累，也是一種心靈撫慰劑，可以暫時讓人忽略眼前艱困的物質環境。如果連高甜度的食物也撫慰不了，東港鎮上還有另一項選擇：賭場。

沒有夜生活的小鎮，連KTV也只營業半天，卻在大馬路邊開了數家二十四小時營業的「電子遊樂場」，這類的場所大門深鎖，裡頭透著光亮。也曾任職東港分局局長的郭子弘很直白地說：「東港是一個水很深的複雜地方。」這裡有高密度的小吃部，還有高密度的賭場，除了開在大馬路邊的「電子遊樂場」，還有更多是隱藏在民宅、產業道路邊的私人賭場。

他進一步推論：「這些效力於林孝道的漁業人員，多半是欠了債，而且還是賭債，而林孝道本身就是在做賭的，從賭場跟這些人牽線合作，是很合理的。」船員賭博欠債，轉而走險路賺錢還債，看似自業自得，真的是如此嗎？

三年一科的東港王船祭，一路從東港東隆宮開始，最終以小琉球三隆宮做為結束。連結東港鎮與離島小琉球是跨越海洋距離的王爺信仰，所不同的是，東港王船祭吸引了各地遊客，而小琉球的祭典是地方的「大拜拜」，島上民宿、餐廳多歇業，因為這是異鄉遊子回家的日子。

小琉球面積只有六．八平方公里，只比臺北市大同區稍大，人口僅有一萬多人。從日治時期開始，小琉球附近的漁場豐富，一直是漁業重鎮，島上的海岸線羅列大大小小的停靠港灣。和東港一樣的命運，面對海洋資源枯竭，加上相對便宜的外籍人力，三十歲到四十歲這個世代的琉球人大多選擇一海之隔的東港謀生。

三十多歲的陳家兄弟是少數留在家鄉從事捕漁工作的「年輕人」，二〇二一年的十二月我們隨著王船祭的人潮，四處打聽這個年輕人的消息。在這個回鄉聚首的日子，似乎不適合談這樣的人。幾位跟著人潮前行的長輩，聽聞這個名字，只揮了揮手：「賣貢這個，伊被捉去關了啦。」

林孝道集團裡負責運毒的船員，大多像陳家兄弟這樣的年紀，然而在東港一帶，像這個年紀的年輕人願意上船的已經不多。他們在船上，體力比不上年輕的外籍漁工，這些年輕漁工大多想著只要辛苦幾年，就要帶著錢回東南亞家鄉過好日子。而船上年長的船長和船東大多經歷過美好的年代，已經賺了一波熱錢，只等著退休安養天年。

這些跟著林孝道「闖天下」的中生代本土漁工，表面上是為了賭債，更深層的因素可能是對未來的不抱希望。他們在成長年代見過父輩踏在時代浪頭上風光的模樣，輪到自己要獨當一面的年紀，面對的是日益肅條的產業，他們不敢求翻身，連現狀都是朝不保夕。

曾經在船上擔任過遠洋漁業觀察員的阿福告訴我們，船上不只工作環境惡劣，一個人長期被關在海上，心理壓力也很大：「期待船靠岸，心情可以紓解一下，但一上了岸，你又發現熟悉的親友都變了，只有你一個人在海上沒有感受到時間。」沒有未來，連此時此刻你也無法澈底擁有，靠岸的漁工只有在肉體享樂才能感受到短暫且真實的存在。

賭場裡的漁工有些不甘心，想圖翻身，想一嚐父輩們當年風光的滋味。有些則是想借著賭把自己隔絕於這個真實世界之外，不必去理會現實的難堪。不管是哪一種賭，他們最後的命運都跟著林孝道綁在一起。

林孝道在偵訊時，曾感嘆，沒想到自己竟然是落在臺東這種鄉下警察的手上。他向警察吹噓自己有海上的船隊，還和菲律賓武裝反叛軍有合作關係。當他得知關鍵證人鍾國偉供出他時，氣得放話要殺了鍾國偉。

我們向幾位遠洋漁業的船長打聽林孝道的船隊規模，他們皆沒聽聞過這樣一個漂浮在公海上的船隊，反倒不約而同談到相似的走私合作模式。一位船長說：「買船是大錢，沒事一直漂在公海上，開船也要油錢，都是大錢。」比較可能的方式是和既有的漁業公司合作，平常漁船是正規捕魚，等到有運毒需求時，再投入運輸角色。

郭子弘也同樣懷疑船隊的規模：「我們查到林孝道的船大多是中、小型的塑料船，比較像是近海接貨而已。」他也認為，林孝道並不是擁有船隊，而是有配合的漁業公司，並且很可能遍布整個東南亞各港口。漁船為了處理漁獲，通常會就近在各國港口設立分公司，處理買賣事宜，「林孝道應該就是開立這種小型的海外公司，幫他處理運毒的金流，這個金流網絡有多大？我們至今還不曉得。」

林孝道感嘆落在鄉下警察的手上，倒是有幾分真實。因為案子破得突然，人落網了，但沒有事先規劃追查集團的海外金流狀況。案子風光破了，海外的規模多大？網絡是否還在？都依然成謎。

另一個未解之謎是這麼大批的海洛因，到底背後的金主是誰？二百九十六塊海洛因已經超過臺灣本土需求，這些毒品最終市場是哪裡？

表面上，是由鍾國偉出面在緬甸找到貨源，再請林孝道運輸，但本身已債務纏身的鍾國偉不可能拿得出這麼多錢，他很可能只是出面牽線，事成之後賺取傭金。而鍾國偉一向與外省幫派有互動，警方推測，真正的金主，很可能是幫派。

幫派買入這麼大量的海洛因是打算賣到何處？鍾國偉在偵訊時表示，林孝道曾建議他要分匹逐次賣，不要將這麼大量的貨一次「倒」出來，會造成價格崩跌。看似這批毒品以臺灣為最終市場。不過，依常理判斷，急需用錢的鍾國偉不太可能逐次分批賣貨，更何況他很可能根本不是這批毒品的金主。

警大柯雨瑞教授翻開二〇二〇年聯合國的毒品白皮書，其中一張海洛因的運輸路線圖，整個東亞地區，日、韓沒有使用海洛因的習慣，唯有臺灣與中國既是海洛因的消費市場，同時也扮演轉運角色。柯雨瑞推測，林孝道的二百九十六塊海洛因，除了本土自用，很可能是銷往他國。根據白皮書公布的路線圖，最終銷售地可能是澳洲和北美。

二〇二一年在荷蘭落網的加拿大華裔大毒梟謝志樂便曾在一九九八年從香港轉運海洛因進美國，之後他更與港、臺、澳門的幫派聯手，從金三角將毒品運往全球。傳言他與林孝道也有交情。

林孝道的野心不輸謝志樂，從賭發跡，擴展到運毒事業，之後他選擇的路線跟謝志樂不同。林孝道書架上另一本傳記是艾斯柯巴，這是哥倫比亞的大毒梟，曾是美國最頭痛的人物。艾斯柯巴不只賣毒，也介入政治。他收買政治人物，刺殺總統，他甚至曾有參選總統的打算。最後哥倫比亞政府受美國壓力，將他定罪，艾斯柯巴就派人開著戰車對司法大樓炮擊。等到非得入獄時，艾斯柯巴不願入監，反而自己建造一棟豪宅監獄將自己關在裡面。

林孝道顯然想走的是艾斯柯巴路線，二〇一八年他一度想參選地方議員，他在地方放話，自己選的不是議員，是議長。向屏東縣二大黨的黨部詢問此事，二黨不約而同表示不清楚這個傳聞。一名地方記者證實此事：「他（林孝道）連文宣、帽子都印好了，但最後卻突然說不選了。」地方上，林孝道對外自稱是漁業大亨，在林邊、東港有漁業公司，幾位曾和他吃過飯的地方樁腳對他印象不差，都說他待人和氣、看起來人很好。

郭子弘見到的卻是另一面：「林孝道心思很細，偵訊時會探你知道多少，才決定要說多少，而該狠的時候，也狠得很冷靜。」郭子弘懷疑藍悅號案與他有關，問訊休息時間，拿此案試探他，問他如果當時李哲銘警官成功偷渡逃亡，下場會如何？林孝道面無表情，語氣平靜很自然回道：「他知道太多，不管逃到哪，都得死。」

至於為何中途放棄參選，林孝道並沒有親口證實，地方盛傳，林孝道在菲律賓的私人賭場輸了一大筆錢，把選舉的錢輸光了。郭子弘也懷疑林孝道應該有資金的需求，「否則像鍾國偉這種案子，他不應該自己跳下來做，留下這麼多證據被捉。」

大概是受了艾斯柯巴的豪華監獄所啟發，即將要被關了，林孝道依舊不放棄跟警方討價還價，「他一直以為可以用錢買通，想在坐牢時過奢華的享受生活。」艾斯柯巴最後的下場是遭美國的特殊行動小組擊斃於住宅，那天是艾斯柯巴四十四歲生日。古茲曼則被引渡至美國，判處終生監禁。

和他的「偶像」相比，林孝道現在的處境並沒有特別慘，因主動供出二名共犯，依法可減刑，目前一審判處十五年徒刑。現年五十六歲的他，假釋出獄後仍可有所為。不過，他那些藏匿在東南亞各港口的漁業分公司的金流會不會回到他身上？郭子泓研判：「毒品買賣變化很快，老大不見，下面的人各立山頭，能拿的錢都拿走了，林孝道在牢裡以為可以控制一切，出獄後東山再起，可能太一廂情願了。」

至於南臺灣的這條運毒路線，是否隨著林孝道集團瓦解而阻斷？「沒人知道，但我相信一定有其他人經營這條路線。」畢竟在林孝道浮出檯面之前，沒人敢確定南臺灣的運毒絲路是真實存在的。這條「絲路」是緊附著南臺灣的遠洋漁業興落而擴張，它鑲崁在地方的經濟起落，也與臺灣特殊的交通位置、社會結構有關，沒有了林孝道，但滋養這條絲路的沃土一直都在。

第四章　老虎鉗與金三角

高雄市刑事警察大隊一行人在竹北市一處住宅外守候數日，他們等著一位叫強哥的人，一位愛吃檳榔的強哥，除此之外，他們對強哥所知不多。

帶隊的刑警心想，再這樣等下去，也不是辦法，見到大樓旁一個房屋出售的招牌，他心生一計，和同事一人假扮仲介，一人假扮看房的房客，混入大樓裡。在大樓的大廳裡，他們終於看到傳聞的強哥。

外表看來已經五十多歲，頭頂已經禿了，身材清瘦，微有小腹，腳踩拖鞋，身著條紋polo衫和牛仔褲。衣服和褲子明顯是大賣場的便宜貨，外觀看起來是清洗多次，而顯得鬆垮。

強哥足不出戶，只有中午出門到鄰近的便當店買便當。帶隊的警官也很懷疑，眼前的強哥，真的是臺灣有史以來最大的運毒案主嫌嗎？

讓這群高雄的警察大費周張從高雄跑到臺北，要從二〇二〇年三月二十日出海的一艘漁船說起。

滿聖財八十六號漁船是一艘不到一年的新船，船長黃勝雄是東港人，號稱是船長卻甚少出海捕魚。臺灣各地漁港，有不少像黃勝雄這類的「漁民」，甚少出海，無固定職業，卻不僅能養活自己，還能不斷花大錢。因此，他們大多被懷疑是靠走私營生。

黃勝雄二〇一九年到二〇二〇年期間，出海次數甚少，卻能一次花五百萬添購新船滿聖財八十六號。警方因此盯上了他，一開始也僅是懷疑他可能自中國或東南亞走私農產品或是木材。

三月二十日出海，高雄市警方便監控漁船的行蹤。滿聖財八十六號向漁會報備，要出發至越南外海捕魚，通常僅需數日即可返航。滿聖財八十六號卻在越南外海漂流了近半個月。四月十八日漁船突然向菲律賓外海移動，這不在報備的路線上，而且附近也不是重要漁場。

收到監控資訊的刑警心中驚呼了一聲：「中了，這艘船一定有問題。」

四月二十日，漁船在凌晨一點靠岸，高雄市刑警大隊上船搜索。新建的漁船還有一股新船特有的氣味，漁具和甲板都是新的，只是魚網看起來沒下水幾次，打開船艙下方的冷凍庫則有些不尋常。

出海近半個月，冷凍庫裡有大量未下水的魚餌，幾乎沒有任何漁獲。這更讓人堅信，這艘漁船的不尋常。

凌晨的東港港口，上船搜查的刑警持著手電筒，打著強光大燈，卻找不到一點走私貨物藏匿的痕跡。他們叫來了警犬，數隻大狗在船上來回聞嗅。新船的汽油味混著魚餌的腥味，也讓靈敏的警犬在此無用武之地。

他們甚至派了潛水夫潛至船底，懷疑是不是在船底隔出一道祕密的船艙。凌晨三點，搜查一無所獲。

天亮了，高雄警方考慮要將整艘船送上岸，用機械直接把船體剖開。這個提議遭檢察官反對：「萬一裡面沒有任何走私物，船體五百萬的損失要找誰賠？」正當所有人打算放棄時，船長黃勝雄藏在背後的手不自覺發抖。

最後離開前，警方走進漁船的末端，這是船員們的廚房，空間狹窄，只有幾口爐子和一臺舊冰箱。船艙裡充斥食物的油耗味及飯菜味，警方以為這個小空間、人員經常出入的地方，不是藏東西的好地方，因而簡單查看便放過。

最後一次查看，他們往冰箱下方看去，有一個微微突起的金屬蓋子，像是一道門，怎麼會有人在冰箱上方蓋一個出入口？好奇之下，警方搬開冰箱，下方果然別有洞天隔出來的祕密儲物空間，藏有數包麻布袋。

麻布袋摸起來裡面是粉狀物，有經驗的刑警立判，滿聖財八十六號走私的不是農產品，也不是木材，而是毒品。

二〇二〇年，臺東警方才查獲「南臺灣毒王」林孝道，查獲當時有史以來最大量的二百九十六公斤的海洛因、五十六公斤的安非他命，因為此案被查獲，還造成臺灣全臺毒品價格上漲。警方以為，才隔一年，通常不會再有大案出現。

刑警們看著麻袋不斷被搬上岸，帶隊的刑警以為：「大概二百袋就差不多了吧？結果一路變成四百、五百，最後是七百多袋。」總共是三百九十五公斤的海洛因與六百四十五公斤的安非他命，黑市價格可能超過百億。

他們沒想到這是一個比林孝道案還要大的案子。

警政署自二〇一五年以來，緝毒的方向不再是以查獲毒品的走私漁船，還要更往上追溯金主、貨主的來源，如此方能將販毒集團一次性斬斷根源。於是，當警方突如其來破獲這麼大的毒品案，他們一則以喜，破了大案；一則以憂，此等大案要追溯源頭無比艱困。

警察大學教授柯雨瑞認為：「販毒集團的形式、路線都會隨著時代、客觀環境的改變而做出調整，每個時間、不同的集團，他們販賣的手法都不一樣，因此成為辦案的難處。」沒有一套通用的辦案方式可以通用於所有的緝毒案件。

滿聖財八十六號的毒品，誰是背後的金主？黃勝雄僅負責從海上將毒品運回臺灣，上岸後則另有人負責運送安排。他出海時，甚至不清楚要把船開到何處交貨，海上漂流近半個月期間，交貨的時間與地點還換了二次。

最後決定在菲律賓的外海，黃勝雄亦不清楚來者是哪個國籍的漁船，上層指示他，見到有漁船向他的船閃光五次時，他也要回閃五次，做以辨認彼此的第一層暗號。

兩船靠近後，兩方的船長還要出示半張被撕掉的百元美金鈔票，這是同一張美金鈔票被撕成半，並驗證上面的美金序號是否如當時設定，雙方以此為第二層信號。柯雨瑞分析毒品運輸的模式，通常在運輸、銷售有不同的分工，彼此並不認識，設有斷點，這是為了避免風聲走漏，同時也預防集團被破獲時，容易供出一整串名單，所以有時集團裡的人甚至連上游交付任務的人是誰也不清楚。

黃勝雄顯然只是負責海上運輸的棋子，他不像林孝道擁有自己的船隊，可以主導整個運毒計畫。黃勝雄供稱，這趟百億運毒任務，他事後能獲八百萬臺幣報酬，扣除新船五百萬，獲利約三百萬。

這趟出船的任務是黃勝雄的堂姊黃淑君、陳文章夫妻介紹的，他們同時也是這艘滿聖財八十六號登記在冊的船主。陳、黃這對夫妻因熟悉船務及漁港生態，負責找人執行海上運輸的任務，除此之外，他們所知不多。

找上這對夫妻的人，則是平日在東港負責漁船建造的造船師傅陳先境，他成為警方溯源的最上游。陳先境否認是這批貨的金主，他也只是拿錢辦事，負責找人仲介的工作，交付他任務的人是誰？他也不曉得，只知道對方叫強哥。

強哥少打電話、也不愛聯絡，有事要交辦時，會突然出現在陳先境常去泡茶的茶館。只有強哥找得到陳先境，陳先境卻無法主動找得到強哥。警方先是對陳先境的說法半信半疑，畢竟他們從來沒有遇過如此神祕的「大哥」，懷疑陳先境可能只是混淆警方辦案。

陳先境說得誠懇，而且從前科與財產狀況等各種跡象看來，也不像是販毒集團的首腦。陳先境關於強哥的描述，留下了幾個線索：禿頭、愛吃檳榔，但牙口不好，滿口假牙咬不動檳榔，會隨身帶著老虎鉗代替牙齒夾碎檳榔。

不像林孝道，一直以來都是黑白兩道知曉的「毒王」，有些刑警甚至長期研究林孝道的犯罪行為。這名從天而降，無人知曉的強哥究竟是何方神聖，黑、白兩道則所知甚少。

於是，警方先從土法煉鋼的方式做起。聽聞，強哥平日有賭博習慣，加上漁船走私業與賭場有密切的關連：走私業者喜歡到賭場找賭運不佳，極需金錢的賭客鋌而走險，成功的走私者拿到豐厚的報酬，也喜歡到賭場揮霍。賭，成為追查強哥的一條線索。

不過，從犯罪的前科資料庫裡輸入關鍵字，光高、屏地區有賭博前科的「強哥」就有二百多位。

從船艙查貨，到溯源行動，這樁百億毒品案又陷入瓶頸。再回頭檢視，從犯罪行為分析，能走私這麼大量的毒品，需要各種環節的安排，這需要經驗的累積。既然不是第一次，強哥過去的走私必有留下痕跡。警方從各種毒品案去找線索，包括最終沒有成案的「疑案」。

這個「疑案」是在二〇一五年間，警方曾經查獲有一起疑似走私的貨櫃，雖然最後證據不足，這個案件沒有起訴，當時涉案的金主便是一名愛吃檳榔且禿頭的中年男子。警方抱持著一試的心情，查了該名男子的財產與住家，發現男子名下無存款，住在鳳山一處二十年屋齡的大樓，房子在妻子的名下，市值不到七百萬。還有一臺代步多年的國產的TIIDA房車，同住的還有二名子女。

人們想像中的大毒梟，是像墨西哥裡，坐擁豪宅與私人飛機的古茲曼，是像哥倫比亞裡開戰車砲轟司法大樓、連總統也怕他的艾斯柯巴。再不濟，也要像林孝道那樣，黑白兩道都享有盛名。

這名貌不驚人的中年歐吉桑叫黃大彰，在這起大案之前，幾乎沒人對他的名字有太多的印象。

真的是他嗎？黃大彰對外聲稱是做漁塭的投資生意，來自一個普通的高雄工人家庭。他二個哥哥一位在大學教書，一位則在高雄市府任公務員，還有一個妹妹在銀行業工作。

若以這種大型毒品走私案來看，犯案的集團常是「家族企業」，例如知名的墨西哥古茲曼與哥倫比亞的艾斯柯巴。這種高風險的地下生意，犯罪者通常傾向尋找家庭成員，不僅是為了利益共享，同時也因為彼此緊密的信任關係。這在重視家庭的南美天主教家庭猶為顯著。

臺灣的毒品販售雖然還未有家族化的傾向，但臺灣販毒與黑道關係緊密，從黃大彰的家庭背景、財產狀況看來，又看似與黑道沒有太多的牽扯。

唯一稱不尋常是：黃大彰每年飛往緬甸三到四次。海洛因產地金三角便是位於泰緬邊界，泰國政府逐年管制並輔導金三角邊界民族轉種其他作物，相較之下，緬甸政府仍無法有效管制緬北與金三角一帶，於是成為金三角毒品的出入門戶。林孝道被查獲的毒品便是由人在緬甸牽線並出貨。

不過，黃大彰對外聲稱，他在緬甸經營玉石及燕窩的生意，所以多次飛往緬甸似乎勉強合理。

真正讓警方起疑的是，當滿聖財八十六號被查獲時，黃大彰突然離開慣居的高雄，躲到竹北一處大樓，此後便深入簡出。在跟監的過程中發現，黃大彰平常以手機聯絡時，只用便利商店買來的易付卡，而且只打三通便棄卡不用，再換另一張。易付卡手機難追查使用者，而不斷換卡打電話則更讓人起疑。

即便有各種懷疑，沒有直接證據的警方也只能守株待兔。直到幾週後，黃大彰突然開車往南，一路到恆春。警方預判，他可能打算偷渡出境。跟監的過程，黃大彰似乎也發現不對勁，他開車時快時慢，最後突然將車停在路肩，下車打開後車廂。

此時，警方上前圍住。一樣穿著拖鞋、牛仔褲、polo衫的黃大彰，只看了警察一眼，便拔腿就跑。可是，他穿的拖鞋不利奔跑，不到一百公尺便被追上。後車廂是他逃亡的行李，他不吸毒，這幾年連賭也戒了。

唯有檳榔是他生活的唯一小消遣，即便整口牙都沒了，逃亡的路上還是不能少。同時，他也不忘帶上吃檳榔的工具，逃亡的行李果真有一把老虎鉗。

道上認識黃大彰的人不多，因為他總是用不同的綽號走跳。有時叫黑龍，有時叫威哥，有時則是強哥。他一個綽號用幾次後便不再用，一如他使用的電話易付卡，也顯示他性格謹慎多疑。

多疑之外，他似乎也無太多物質慾望，曾經傳謠他早年在東港的賭場一擲千金，輸贏都是千萬臺幣以上，但這幾年他專心做生意，已經不賭。他的妻子到警局探望時，滿臉驚訝，不敢相信自己的丈夫竟然是大毒梟。

接觸過他的警察私下透露，黃大彰名下沒有任何財產，是怕一旦失事遭捕，資金可避免被追查。他們研判，黃大彰經營這個生意已超過十年，一趟所得估計可獲利上億，而這些錢可能以土地、珠寶等形式存放在東南亞或是緬甸當地。

林孝道被捕，臺灣警方無力追查他的海外資金狀況。不少警調人員相信，林孝道在世界各大港口可能有不少用人頭開設的漁業公司，並把這些年不法所得藏在這些公司，並交由心腹代管。黃大彰也早預想有這麼一天，按地利之便很可能將資產安排在海外。

不過，和林孝道最大的不同是黃大彰沒有自己的船隊，他的角色也不單是海上運輸而已。他甚至直通金三角產地，直接下單，已經具備國際玩家的初步雛型。

曾經在九〇年代遠赴泰國購買海洛因磚的余世禮分析：「臺灣很少人能真的到泰國當地買藥，除非你的量夠大，還要有信任的關係，否則根本進不了金三角。」他當年到泰國買海洛因磚，也只是當地毒販帶著貨，與他約在飯店裡相見，推測應該是中盤商的販售而已。

以二〇一八年被查獲的林孝道案來看，他人仲介的這筆「大生意」也僅是代為轉運的角色，而黃大彰是超過零星購買、轉運角色。而黃大彰究竟如何打入這個難以進入的販毒圈子？

他供稱，十年前在緬甸做鐵砂、玉石生意，經人牽線，認識了金三角的經營金主。十年間，他每次出入緬甸的路線都是從臺北直飛仰光，再轉進臘戌，到了當地，金三角的業主會派直昇機接他進入產地。這個關係已經超過十年。他供稱曾經見過金三角大毒梟果敢族的羅興漢將軍二次面，而之後的生意都是羅將軍的第二代接手。

林孝道案裡的鍾國偉在緬甸經商因人介紹而有機會仲介販毒生意，黃大彰的販毒起點也是緬甸經商，緬甸難道是處處毒梟的生意可做嗎？一位在東南亞開設鞋廠多年的陳姓臺商分析：「東南亞的機會很多，但有些地方風險很高，例如緬甸、柬埔寨，你有點資金、技術條件的都不會去這些地方。」那麼去的都是什麼人呢？陳先生直言：「什麼都不會的人去那裡就是被騙、等著賠錢，什麼都沒有，但很敢冒險的，則是去撈一些偏門財。」

鍾國偉是一介職業軍人退伍，開過茶館、做過各種生意都賠，最後去了緬甸。黃大彰早年經營漁塭，但生意起落不定，又好在賭場豪賭，最後也去了緬甸。他們都在緬甸看到了新的機會，企盼在這個混沌的世界裡殺出一條自己的血路。

不到一年的時間，臺灣從林孝道案到黃大彰案，查獲的毒品量不斷判攀上新高峰。然而，臺灣吸食海洛因的人口已逐年下降，這麼大量的毒品最終市場是在臺灣嗎？柯雨瑞教授有些憂心：「所有的犯罪都會有黑數，破獲這麼大的案子固然值得高興，但另一方面，我也很好奇，這些海洛因究竟是賣到何處？」他有些語帶保留。

也許一如黃大彰被捕之前，我們也很難相信臺灣已經存在這等具國際玩家等級的毒販，這些不尋常的大量海洛因出現在臺灣時，隱隱暗示臺灣慢慢成為毒品轉運的地點，而之所以沒有查獲出口到他國的毒品，並不代表沒有發生，只是還沒被捉到。

第二部 城市

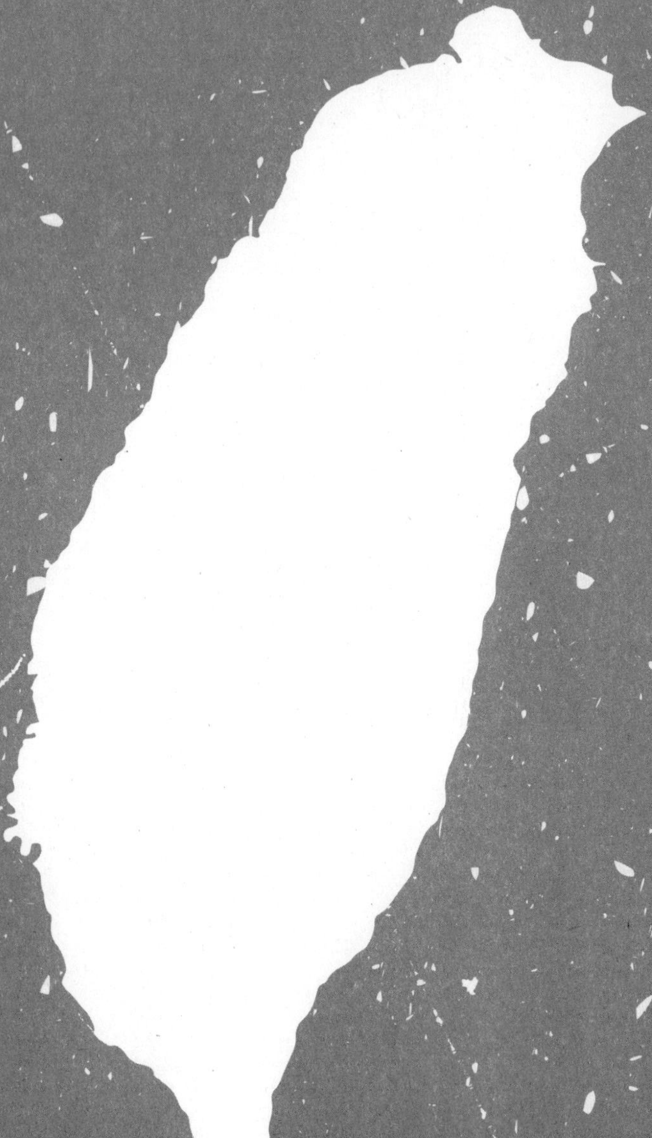

第五章　電玩店未眠

回憶起過去毒品風光的時代，阿威眼神帶著迷茫，好像掉入過去的時光。他至今走在林森北路上，還能想起哪條巷子有高檔應召站，哪個店面樓上則是小姐特別美的酒店，累了還能到附近的電動遊樂場賭幾把，順便收收保護費。這些場所都跟黑道關係密切，同時也都是這些毒品流竄的通路。

曾在八〇年代多次入獄管訓的前幫派分子董念台說：「黑道要搞錢，哪裡有錢就哪裡去搞，像是電動場還有毒。」他口中的電動場多半是以賭博性電玩為主的遊樂場，這些地方日進斗金，加上產業遊走在法律的邊界，成為黑白共治的世界。

老周在八〇年代期間在臺北市經營二家賭博電玩，他向我們描述當年的盛況：「臺北市以前幾步路就有一家這種電動間，有的還開到學校旁邊。都有警察和黑道在罩，那時錢很好賺。」老周在陳水扁任市長期間，因大力掃蕩，加上周人蔘案，牽扯警察收賄。業界風聲鶴戾，老周也受波及，收了生意，轉往中國經營機械維修生意。生意跟著景氣起起伏伏，這幾年健康不佳，回到臺灣養老。

老周說起過去日進斗金的歲月，他有些感嘆道：「賭和毒真的是同一件事，我看過很多客人，一整個晚上一直守著同一個機臺，玩到沒錢了還要玩，這跟吸毒有什麼兩樣？」老周回顧當年的毒品產業如何走入這個場所的：「我們做電玩，不會碰毒，那個水太深，都是兄弟在做。」

外傳電玩店會免費提供客人毒品提神，老周是這麼回應的：「當年的安非他命和現在比很便宜，還沒列管，很適合徹夜包臺的人用，但再便宜，那也是要錢的，店家怎麼划算？」老周會承認幫客人牽線、叫貨，但堅持不碰這些生意，並不是他道德高貴，而是這些生意地盤全在黑幫手上，他無法介入。

「說起來，最高檔的還是海洛因，這個客人不太會用，都是顧場子的兄弟在吃。」老周見證與阿威的經驗不謀而合。

至今仍為海洛因癮所苦的阿威本是賭博電玩場的圍事，他第一次抽到海洛因「菸」便是在電玩場裡，他還記得：「第一口抽下去，頭很暈，沒那麼喜歡，可是身邊的人都在抽，最後也跟著抽了。」

坐在咖啡廳裡的余世禮第一次吸食海洛因是在一九九一年，他帶著興奮的語氣說：「真正純的四號仔（海洛因），一打下去，你的喉嚨就會漫出一種獨特的香味，像是菊花香，這香味，忘不了。」五十一歲的余世禮已成功戒癮，現在是利伯他茲基金會的副主任，這是一個專門服務戒癮者的天主教會組織。

余世禮的「毒品生涯」裡，纏鬥的是惡名昭彰的「毒王」：海洛因。「有人說，現在四、五種新興毒品加在一起，用起來也有像四號仔的茫感，說這話的人就不懂，用海洛因是身分地位的象徵，我們怎會跟你們小朋友玩一樣的東西？」

詢問他機構裡，輔導的海洛因成癮者的狀況，他答道：「現在用這種藥的人很少了，大多是四十歲以上，我們機構不到十位。」晨曦會也有相似的狀況，這是臺灣歷史最久的宗教戒癮組織，近十年開始，他們也開始接洽各種成癮症，包括數位成癮，至於最古老海洛因成癮者，行政中心主任蔡月蒼告訴我們：「這類的人已經少之又少，在戒毒村裡不到十位。」[22]

對比在臺東南田村找到的大批海洛因磚，以及每天警政署公布的近二十年海洛因查獲量，查獲的件數減少，但總體查獲的毒品重量幾度起伏，但大體上仍是維持在高點。這個

22 衛福部（2019）於〈藥物濫用案件暨檢驗統計資料【一〇八年報分析】〉指出海洛因使用者以四十歲以上為主。（https://www.fda.gov.tw/tc/site.aspx?sid=10776&r=410090430）

數字背後，意味著市場上買賣海洛因的狀況越來越集中化，並以大宗買賣為主。

回顧海洛因在臺灣的蹤跡，出現得極早，堪稱是長年不敗的毒品長青樹。海洛因是鴉片類中樞神經抑制劑，原料是罌粟花。罌粟花提煉出的第一代毒品便是「鴉片」。清朝雍正年間，鴉片開始流入臺灣，雖有禁煙令，但管制不嚴。日治時期，日本本土嚴厲管制鴉片，但在臺灣殖民地，管制寬鬆。販賣鴉片給軍人、日本人處以死刑之外，臺灣本地人只要申請特許執照，並按時繳交年費，便能合法吸食。當時鴉片的稅收甚至是臺灣總督府重要的大宗稅收來源。

鴉片在當時被視為鎮痛用藥，之後因成癮問題開始被注意，從鴉片裡再提煉出第二代「毒品」，嗎啡。嗎啡也用於鎮痛，甚至早期也被用做治療鴉片成癮。只是很快，人們也發現嗎啡的危險。一八九七年德國拜耳公司從嗎啡裡，提煉出白色粉末：海洛因，不僅用於鎮痛，也用於止咳、哮喘和抗憂鬱等各種精神問題，甚至還被用來治療嗎啡成癮。

一時之間，海洛因在十九世紀末、二十世紀初一直被視為神藥，在二十多個國家銷售，替拜耳公司賺進巨大利潤。

日治時代的臺灣一直有合法的鴉片執照，因此市場以鴉片為主，鴉片令直到日治時代結束，才隨之廢止。隨著國民政府接收臺灣開始，海洛因開始隨著軍隊出現在臺灣社會。

臺灣「第一代」的海洛因使用者散落在各個社會階層，一九五一年的《聯合報》的報導開始出現各種海洛因的使用者，有舞廳的舞小姐，也有賭場圍事的兄弟，甚至有滇緬逃難來的僑民，農業學校的老師。[23]

這些海洛因的來源大多和是在基隆港被查獲。余世禮在一九九〇年代使用的海洛因也多是由基隆走私進入臺灣，時至今日，基隆一直是海洛因查獲量前三名的縣市。

臺灣的「第二代」海洛因使用者則大多與黑幫關係深厚，而在九〇年代海洛因大流行也跟安非他命興起有關，余世禮是這一代成癮者的典型案例。

余是新北市樹林人，父親是臺電員工，中學畢業後進入日商「全錄」工作，一九八七年女兒出生，隔年奉子成婚。妻子是同公司裡的會計，產後妻子發胖，愛美的她嚐遍各種減肥藥。

妻子服用了某種減肥藥之後，人變瘦了，精神也跟著亢奮，有時數天無法入眠。余世禮直到警察上門，才知道妻子用的是安非他命。受到妻子影響，他好奇：「這東西有這麼難戒嗎？吸這個有什麼感覺？我常勸她戒癮，她說戒這個很難，不信，你試試。而我就真

23　臺中訊（1953）〈出納主任涉毒又失鉅額公款〉，《聯合報》，一九五三年四月二十三日四版。

的試了。」

安非他命在臺灣盛行於一九八〇年代後期，當年這款「新興藥物」是沒有法律規範的「合法」藥物，尚未地下化，大量而便宜的藥物在電動遊樂場、KTV、茶館、酒店等八大行業裡隨處可見。直到一九九〇年，安非他命才正式列管為第二級麻醉管制物。

余世禮因吸食安非他命無法入睡，為助眠經人介紹使用海洛因。這段日子持續不到一年，他便因持有安非他命而入獄。短暫牢獄生活，讓他失去原本正常的工作，妻子也離婚了。余世禮出獄之後，一無所有，索性靠著坐牢的人脈，賣起了毒品，還順勢加入竹聯幫。

當年，毒品生意橫跨外省與本省幫派。一九八八年開始在新莊市場收保護費的本土角頭陳俊儒重現當年的盛況：「你沒沾這種東西，是要怎麼出來跟人家混？兄弟聚在一起，就是比誰的藥純，上得快，你的藥好，代表你身分地位高。」他一開始也是使用安非他命，為了平衡藥效，加入海洛因，不到半年時間，他成為「全職」海洛因癮者，連上街收保護費都開始變得吃力。

多次出入監獄的楊逸，在一九九〇年代初期，於高雄鳳山開設茶藝館。本因重傷害和逃兵入獄的他，出獄後也想「重新做人」，「我們一輩子往來的都是這些人，開店做生意，來『交關』的也是這群人，要做好，很難改。」他的茶藝館開設沒多久後，不賣茶了，改賣起安非他命。當年的茶藝館像他這種「掛羊頭賣狗肉」的並不罕見。

楊逸的茶館初期也提供客人紅中、白板這類「精神抑制劑」替客人減緩吸安帶來的不適。這兩者是早年常用於醫療現場的鎮痛、助眠藥物。但助眠的效果比不上「神藥」海洛因，余世禮說：「打一針，你睡得非常沉，一輩子都沒睡得這麼舒服，醒來又充滿活力。」隨著「神藥」的流行，楊逸也搭配安非他命，賣起海洛因。

買家來訪時，楊易會拿出一個龍角散的小鋁盒，裡面著的也是如龍角散的白色粉末：「用菸頭沾著，點菸抽，當作交際，也當是試藥，當時藥便宜，可以這樣請客。」成本大約是這樣的：沾一下，可抽二口，約莫二千元臺幣，一支菸可以沾五次，約一萬元。

海洛因利潤高，楊逸形容，這些錢不能存銀行，全堆在他的床板下方，他名符其實「每天就睡著鈔票堆」上，每天出門，就捉一把出去。他的母親有次整理房間，掃出一堆鈔票，還嚇了一跳，她完全不知道兒子在做什麼生意。楊逸說，有些兄弟是靠「戰酒家」來交陪，他則是用藥來跟大家交朋友順便做生意。他已算不清那幾年他到底賺了多少錢，只記得之後，一次又一次的毒癮發作和一年又一年的鐵牢日子。

這種海洛因隨著安非他命而盛行的現象也是臺灣獨有的特色。

影響精神作用的毒品約莫有三大類，一是中樞神經興奮劑，使用者會呈現亢奮狀態，甚至無法入眠，例如安非他命、古柯鹼；一是中樞神經抑制劑，大多是用於鎮痛、止咳的效果，例如海洛因、嗎啡、紅中、白板；另一類則是具迷幻效果，有強烈幻覺的迷幻藥，例如魔菇（裸蓋菇鹼）、LSD（致幻劑）。（以前二類成癮性最強。）

純以生物反應來看，一個成癮者一生的成癮物質大多會在同一類別的毒品裡移動，例如使用紅中白板的人，比較容易對同是抑制劑的海洛因上癮，使用安非他命，容易上癮的也應該是中樞神經奮劑。而安非他命與海洛因是兩種作用完全相反的毒品。

這種論述是以生理角度出發，若將成癮行為放置社會情境裡，毒品的使用同時還事涉當時流行、易取得的毒品種類以及毒品象徵的社會意涵。以海洛因在八〇年代後期掀起的熱潮來看，這和安非他命的大流行有關，而海洛因又與黑幫關係密切，被視為江湖地位的象徵，幾種因素交織在一起，造就這股狂潮。

幫派大哥不是一向瞧不起用毒的人嗎？聽到這個問題，曾因「掃黑」入獄，以黑道專家自稱的董念台噗哧一笑：「那是電影演的，幫派這麼多兄弟要養，哪裡有生意油水，就往哪裡去，毒品利潤高，怎會不做呢？再說，以前還有八大行業、工程圍標，現在百業蕭條，黑道現在真正可以大賺錢的地方，可能就剩『藥』這一門路了。」

曾在竹聯幫堂口帶領數十位小弟的余世禮分析了當年這個毒品的生態體系。「我們做這途的怕警察之外，最怕的還是黑吃黑。」很多成癮者走到末路，一無所有，最後鋌而走險找機會槍殺藥頭，搶走毒品以解癮頭。為求自保，販毒者多半仰賴幫派勢力自保，並且槍不離身：「很多販毒的，被捉除了毒品的罪，通常還會卡一條槍械。」

余世禮當時是大臺北地區「中盤」藥頭，負責與人一起集資購買海洛因磚：「我記得當年大同區有一個的藥頭，會專門進口海洛因磚，一次要進多少，放出風聲。」之後，大臺北地區有許多像余世禮這樣的藥頭，會聞風前來接洽，金額湊滿後即等著交貨，通常一次進口，約莫有五到十位藥頭集資，宛如上班族的團購。

余世禮拿到的海洛因通常已被上層「洗」過一次，所謂「洗」，指的是在純海洛因裡加入其他便宜的成分，有的是加入同樣具助眠效果但成本低廉的安眠藥、紅中、白板，有的則是加入更便宜的麵粉、白糖。混入的比例，在當年有一個江湖的默認的行規，一份海洛因混入三成的其他物質。「這是江湖道義，你不能一次把空間全混掉，你要留點空間給下一層買的人混，他們才有得賺。」

於是，一塊海洛因磚大約可以洗三到四層，價格也隨之翻倍，也是利潤的來源。然而，如何確保這個比例能運行無礙？地下經濟活動有時候仰賴的是更殘忍的叢林法則。販毒者和警調人員通常私下維持一種恐怖平衡，販毒者會定期向警方「提供」販賣者，換取警方的「睜一隻眼，閉一隻眼」的保護。而上報警方的人選挑選的原則是：「你賣的東西摻太多粉，大家平常會忍著，但哪天被捉，要供出上游，那個平常最不守道義的人，一定會被點（供出）。」

交易時，余世禮會親自試藥，「試藥還有個好處，身上驗有毒品反應，被捉的時候，可以自稱所有毒品是自用，罪刑比較輕。警察若問，你一次怎麼買這麼多？我就說，一次買多一點比較便宜啊。」

有人為了保持交易時清醒，則是隨身帶著「試藥人」同行，臧興國當年便是帶著一位小弟交易，「現場打下去，藥好的話，馬上點頭（睡著），有人則是鼻翼附近會開始癢，像猴子一樣手會一直去捉，以前兄弟見面，我都能看出對方最近是不是在打藥，看他鼻子臉頰那一帶是不是紅紅的。」

臧興國雖沒有真的接觸過整塊海洛因磚，但他「重製」過這樣的磚：「臺灣的市場能真的碰到磚的人不多，除非量很大，市面上很多假磚，我也做過啊。」他把混過的海洛因粉裝在方型鐵盒裡，再用車子的千斤頂將之壓實，再重新覆上膠膜。他笑稱別人賣的是雙獅地球牌，他賣的是「長頸鹿牌」，比較便宜。

歷年海洛因的取締量，都是在幾個重要港口的所在地，像高雄、基隆。余世禮還記得，幾個重要的大盤商大多是從基隆進貨，這個曾經是東亞重要的貨運港，雖然歷經中國沿海港口興起，而相形失色，但從一九五〇年開始，一直是臺灣海洛因進入的窗口，從內政部警政署公布的取締量，基隆一直是在前三名的縣市。[24]

湯姆．溫萊特在《毒家企業》[25]一書中，分析墨西哥的大麻進入美國本土後的各地價格，因違法的大麻需靠走私，越遠走私的風險與成本越高，價格隨產地距離增加而增值。美墨邊界最便宜，在德州一公斤批發價只要兩百美元，走私到紐約後，則漲為一千美元，距離更遠的夏威夷則要六千美元。平均每移動一千公里，就會上漲五百美元（一公斤）。

依此觀點看來，做為進出口的港口，基隆的確有「地點」上的優勢，根據刑事局緝毒大隊的資料顯示，除了基隆之外，海洛因也隨著走私路線的轉變，而在基隆高雄之外，不同的地方上岸。

24 黃天如（2019）於〈毒品查獲量短短三年暴增三點二倍創新高！「這縣市」查獲率第一名〉一文中指出「基隆市查獲吸毒人數與人口比是：十萬人查獲五百四十六點二人的比率居全臺之冠。」（https://www.storm.mg/article/1713235），風傳媒，二〇一九年九月十八日。

25 同註6。

以余世禮的經驗，九〇年代的海洛因大多來自泰北金三角，因為利益誘人，他也曾透過關係，前往泰北「看貨」。金三角位於泰國清萊府北方的山區，國共內戰時，曾是「孤軍」的根據地，是寮國、緬甸、泰國三國的交界。其中，美賽鎮緊臨邊界，泰北的觀光客只要花十美金，便能參加當日來回進入寮國。

這幾年，泰北金三角先是經歷一波旅遊熱、觀光化，泰國政府輔導居民轉作合法作物，臺灣許多慈善團體在當地亦有許多援助計畫。例如，慈濟在當地捐款建學校，在金三角的鄉間可偶見專屬慈濟的蓮花圖案，甚至灰泥牆上的標語，寫的也是繁體中文。

在東南亞國協的強力整合後，美塞鎮開始利用地理上的優勢，在二〇一五年建立了跨海大橋，連結三國往來交通。從毒窟到觀光景點，搖身再變成區域整合的關鍵交通樞紐。余世禮則是在一九九四年到了美塞鎮。

他還記得是到當地的一家旅館，開了二間房，他著一位兄弟同行，把現金放在一間房，再到另一間房看貨。「錢跟藥是不能同時在一個房間出現，避免人贓俱獲。」對方在房間裡切開一塊海洛因磚，挖出一小角，放在湯匙上燒，最後是殘留白色的細渣：「上等的海洛因燒乾後會白色殘渣，市面上一般摻過東西的，燒完會是黑色的。」

這一趟來得不易，余世禮還是有些不放心，同行的兄弟是「試藥人」，要求試藥，對方沒有回應，直接把東西收了，即刻走人。事後才知，「他們交易是不容許有任何遲疑不信任，也不希望交易的人親自下來打藥，怕會讓狀況變得複雜。這和臺灣很不一樣。」最後交易失敗，空手而歸。

假若交易成功，要如何交貨？雖然還沒談到這一步，但余世禮對江湖規則很有信心，「量這麼大自己帶回來風險太大，臺灣會有人來接頭。」異地付款、交貨，意味在九〇年代開始，臺灣與金三角的海洛因交易是有所管道的。

九〇年代經濟仍處高度發展，社會與經濟不時躁動，海洛因隨著幫派滲入社會，和千禧年後流行的成癮物質不同，海洛因帶來的「異世界」不像搖頭丸、安非他命大多群聚時一起使用，藥物帶來的是澈底的振奮和快樂。海洛因的世界只有全身發軟，深刻的孤獨。十五歲就接觸海洛因的威胖是這樣形容：「嗑藥後，那個世界像黑洞，把人吸進去，什麼都沒有，只有看不到盡頭的黑。」

每次出獄都想「當個好人」的楊逸，還記得九三年那次重返「人間」。幫派大哥為了酬謝他沒有供出上游，在他出獄時，給了他一個信封指示他到山區某個垃圾桶取「謝禮」。這也是當年販毒者的「標準待遇」，入獄前，幫派大哥已打點好獄裡的資源，好的床位，甚至還有專人打理生活瑣事，出獄後，則另有一筆謝金。

楊逸在垃圾桶裡找到三塊海洛因磚，他幾乎沒有任何遲疑：「我把這三塊賣完，賺到一筆錢可以創業就好。」他夜裡開著車，載著三塊海洛因磚回家，不斷這樣告訴自己。人性是不可試探的，況且他還曾是睡在鈔票上的男人，已過慣在酒家爛醉，在賭場豪賭的生活。

三個月後，手上的貨賣完了，他開始另覓貨源，重操舊業，繼續販毒。

這個最古典、歷史悠久的老毒品，以無止境的黑暗，回應那個浮躁的年代。時間往千禧年推進，毒品產業鏈也隨著社會演進發展新的模式，與這個社會的集體慾望相互結合，形成了另一種生態。

第六章　藥局二十四小時不打烊

「臺北市有幾家開二十四小時的藥房，我到現在都還記得，因為癮上來了，你沒有藥，只能去這種藥房買『解藥』，不然你以為這種店開二十四小時給誰去？就是給我們這種毒蟲去的啊！」

幾位「毒齡」超過二十年的「前海洛因成癮者」共處一室話當年，也許因為已走過最艱辛的路，所以各種前塵往事，說起來都像一則又一則輕快的笑話。

說起那間他們共同記憶的那間「藥房」，在華麗高調的霓虹燈街區裡，只有簡單慘白的日光燈箱，五十五歲的臧興國還記得：「藥房有賣這種『解藥』，多半也是不合法，可以把你的癮壓過去，人還是昏沉的，但至少不會再一直想著找藥。」與其全身如螞蟻噬咬般的難受，不如求一場好眠，睡過去，就沒事了。另一位成癮者蔡明蒼則記得：「那時臺灣沒有美沙冬，會從香港託人帶藥過來，一罐像感冒糖漿的包裝，一喝下去，整個人不再難受，可以好好睡個覺了。」

隨著海洛因不再流行，這些二十四小時藥房也一間接著一間關門。藥癮者不死，只是凋零。他們如何走進毒海？如何從身心的禁錮裡逃脫出來？又面臨怎樣的掙扎？

這幾位老毒蟲，細數認識的誰誰誰被關進去了，又有誰誰誰最後施打過量，在路邊暴斃了。能共處一室聊過去，都是毒海裡的倖存者。不時高亢說話的臧興國講話有些不清楚，因為下半部的臉已經不見了，十三年前，他被診斷出口腔癌末期，割除下巴與部分舌頭：「我海洛因吸了二十年，很多人以為，我是得了癌症才戒毒，放屁，開刀前，醫生說要禁食，但沒說要禁毒，我就找人帶藥來，開完刀，太痛了，出院第一件事，也是找人帶海洛因來給我止痛。」

從國中開始，他一路從強力膠、紅中、白板，用到最強的毒王「海洛因」，多年的用毒經驗，讓他全身是病，鈣質流失嚴重，兩邊的髖關節已換人工，膝關節不時積水疼痛，皮膚則不定時發炎，常長出惡臭大膿包，需要手術刮除。他自嘲：「我當作是這輩子做太多壞事，排毒，贖罪。」

臧興國來自臺北板橋的眷村，父親是軍官，長期不在家，母親則是無止境地溺愛這名么子。父親從來沒打過他，母親看到他吸強力膠，吃紅中白板，只當作是吸菸一類的壞習慣而已，還要他在家吸就好，比較安全。家中兄姊功課優秀，念的是明星學校，臧興國在生活裡找不到成就感，只好跟著眷村大哥們混幫派。

「小朋友看電視，都以為黑道很神氣威猛，我還記得十幾歲，被大哥叫去砍人，我嚇壞了，邊把扁鑽往對方的身體裡插，手邊發抖，還很想跟他說對不起。」砍人不夠狠，書念得不好不夠聰明，他深知自己的軟弱：「我很早就知道，怎麼混都不會是大尾的，但那個環境就是需要壯膽，找一些事，讓大家覺得你很行。」

於是，在吸毒、販毒這些事上，他得到空前成就感：「我二十幾歲就開ＢＭＷ750，是老大嫌太大臺，給我開的。」出來混的，終是要還的，沒多久，他便因毒品案入監，此後，反覆進出監獄：「以前開ＢＭＷ，出來後變開cefiro，再下次出來，開得更差，最後，是沒車可開。」青春都在牢裡揮霍光了，即便是在牢裡，父親仍每週固定探監。

直到最後一次在新店服刑，父親生病了，沒有來赴約：「是我太太來了，我爸托我太太來跟我說，對不起，沒辦法來看你。連這樣的時刻，我爸都在跟我說對不起，我開始真正反省自己這幾年到底混出什麼名堂了？」

臧興國是幸運的，這幾年不僅從癌末活了過來，在人生低谷還有青梅竹馬的妻子不離不棄，加上父母無保留的情感支援，讓他的回歸之路順暢不少。

本來連高中都沒念完的臧興國，這幾年念了空大，現在則是社工所的碩士生，輔導許多像他一樣的毒品成癮者：「海洛因的癮會重複發作，為了藥，什麼事都可以做得出來。」他有個有趣的觀察，社會新聞裡，為了一點小錢就在路上搶錢的人，他猜測大多就是走投無路的海洛因成癮者：「癮上來了，你一點小錢都會去搶。」

為了藥，無所不騙，無所不搶，藥癮又長達數年難戒，這些成癮者大多把家人的情感一點一滴給磨光了。「來戒毒社區的人，很多人最後不想走，因為離開這裡，你就是獨自一人，茫茫人海，沒有可以依靠的人了。」於是，惡性循環，這些人繼續回到毒品的世界裡流放自己。

阿金哥便是這種典型的悲劇。父親過世得早，他由母親一手帶大，家境不好，他為了賺錢，早早離開學校，跟著黑道大哥當起賭博電玩場的圍事。由於所處的環境複雜，很快就染上使用海洛因的習慣，幾個月之間便成癮。

之後的日子，跟所有的海洛因成癮者一樣，反覆進出監獄，一再反覆打壞母親對他的信任，為了錢，他不惜與母親爭吵，甚至動粗。

數不清是第幾次入獄了，母親節前夕，媽媽來看他，阿金哥說：「坐牢需要錢買東西，那天，媽媽把她戶頭錢全部領出來給我。」媽媽說是來跟他說再見的，能幫他的就只有這些，要兒子往後好自為之。

阿金哥並沒有想太多，收下了錢。數日後的母親節，媽媽在家上吊自殺，那場獄中會面是一場永世的道別。阿金哥說起這段記憶，語氣有些激動：「她……就這樣……沒了。」

出獄後，阿金哥努力考上廚師執照，好不容易在一家老人安養中心當廚師。他皮膚因長年吸毒而顯得暗沉，加上出身黑社會，表情有些凶惡，但他身材高壯，所有院區裡吃力的粗活，他都不吭一聲默默完成。時間久了，老人院裡的院民發現這名表情凶惡的大漢，對老人和善，話不多，但總是溫和有禮，尤其他對待那些老人，像是對待他無緣回報的母親。他努力工作，表現出色，甚至還拿了該安養中心的年度最佳員工，所有的院民都喜歡這個和善的大個子。

只是，他終究只剩孤身一人，平常寂寞也就算了，最難熬的是母親節：「我無法原諒自己，尤其看到老人院裡跟媽媽年紀相仿的，我會想起自己做錯的事，一輩子都無法彌補。」每到這個節目前夕，他的心情都會很差，之後，乾脆躲起來曠職，最後，又回到毒品的路上了。

「打了藥就可以忘記這些不愉快的事……所有打海洛因的人，藥打下去的那一刻，都是很衝突的，一方面覺得，癮被解決了，很舒坦，一方面又痛恨自己，怎這麼爛，傷害了這麼多人，克制不了自己的慾望。」他打藥之後，四肢癱軟，無限的自責混著藥物的快感，把自己丟進無止境的黑洞裡。「感覺自己變得好小好小……。」他這樣形容。

輔導過各種毒品成癮者的利伯他茲基金會執行長周涵君說：「對成癮者來說，戒癮不是一個人的事，我們都教導成癮者，懂得求救很重要，但問題是很多成癮者，尤其是海洛因，關這麼久，出來，他身邊已經沒有人可以求救了。」

然而這種家人的情感支持，並不能毫無保留、義無反顧，有時，還需有所節制。

陳俊儒跟臧興國有類似的成長背景，一樣是家中的么子，家裡是殷實的小生意人。一個哥哥二個姊姊都是有不錯工作的中產階級，唯有他白天在汽修工廠工作，下了班就跟地方角頭到市場收保護費。

他說：「人家說吸海洛因一次就上癮，我是覺得沒那麼誇張，但我是大約三次左右，就開始有點癮了，幾個月之後，就常躺在床上，無法工作了。」母親是他唯一的依靠，不管出什麼事，都有母親扛下，為了解決他的毒品官司和外面欠下的債務，母親還賣了唯一棲身的房子。

每個毒癮者都想重新開始，當個好人。二〇〇〇年，陳俊儒走出臺北監獄，前一刻才立志當好人：「監獄對面的鶯歌大旅舍有人看到我們這種更生人，馬上過來問，一次一千，要不要？」前一秒才想當好人，這一秒卻毫不遲疑去打了藥。

人性就是如此軟弱，他陷在不斷立志當好人卻又不斷沉淪的迴路裡：「出來幾個月，就再被捉回去關，家裡的人很怕我，有錢都不敢讓我知道，怕我會去偷。」每次出獄，都有媽媽幫他安頓好一切。二〇〇四年，他最後一次出獄，媽媽避不見面：「我姊把她送去美國住親戚家了，我一時之間沒有地方可以去。」

父親不理他，兄姊們又遠在美國，陳俊儒想起，在牢裡聽聞，晨曦會可以接收這些成癮者，居住費用還不用錢，無路可走的他，只好前往一試。「這地方都是跟我一樣的成癮者，有一個輔導員固定跟著我生活，他也曾經是吸毒者。」晨曦會規定入住者一次要住滿十八個月方能離開，園區裡沒有電話，也不能抽菸、喝酒。

這種與世隔絕的做法是有其道理，就如陳俊儒剛走出臺北監獄就立刻到對面的旅舍吸毒，許多成癮者無法戒癮的根源是在交友圈，一旦回到舊有的生活圈，各種誘惑馬上就找上門。

陳俊儒原只是想暫時棲身於此，「我一心就只想趕快出來，趕快找一個工作，回到社會跟大家一樣過生活。」他在晨曦會裡三個月完全沒再碰毒品，家人十分滿意，要他趕快出來找工作。教會裡的社工勸阻了他：「找工作並不是最重要的事，重要的是，你有沒有做好心情的調整。你吸毒吸一輩子了，怎可能三個月之後就馬上能回歸社會？」

他在教會一待三年，細細審視自己一路走來的人生歷程，「我一直想讓自己看起來很厲害，所以混黑道，碰毒品，在教會裡，重新認識自己……。」

在各種戒癮手段中，宗教的福音戒毒一向被視為「不夠科學」，但每個物質成癮行為也都不僅僅只是生理現象，還有伴隨而來複雜難解的性格、精神的結構問題，宗教在某種程度上，的確是補足了「科學」和制度上無法觸及的部分。

陳俊儒從精神上重整了自己，年輕的他從沒想過自己會信了宗教，還念了神學院，成了一名傳道者。他也是幸運的，海洛因成癮者能成功戒治的十個裡面不到二個，他是二個裡的其中一人。

「我覺得我很幸運的是，來得及跟家人重建關係，取得信任。」母親最後癌末二年，都是由他照顧：「我錯過這麼多年了，還好神有給我機會彌補。」原本家人事事提防著他，就怕他毒癮犯了會來鬧：「現在家人有什麼糾紛，都會請我出來調解。」

海洛因成癮者因為觸及一級毒品，若加上販毒，刑期加總起來七年起跳，因此和其他藥癮者不同的是，這類成癮者不僅生理的癮難戒，加上長期入監服刑，更是與社會脫節，增加回歸社會的難度。

蔡明蒼坐牢的日子接近十年，他坦言：「我常不知道要怎麼跟正常人互動，回想起我過去的日子，不是在吸毒，就是在躲警察，常覺得與正常世界格格不入。」他出身雲林地方的政治世家，父親是公務員，一九八八年安非他命管制還寬鬆的年代，他就帶著安非他命到學校賣。

「當時一個保劑丸的小罐子賣四百，買十送一，一罐才三百六。」到五專上課時，他褲子的口袋就裝了十支保劑丸的藥，吸不了這麼多，就便宜賣同學：「也不是真的為了賺錢，只是分享，好像你有這種東西，就表示你很行，別人在抽菸，你抽的是這個，檔次更高。」

十六歲吸安，十七歲就打海洛因。在學校賣藥被教官捉到，其他同學被帶回家裡管教，有人被父母毒打一頓，也就真的沒再碰了。蔡明蒼說自己跟同學不一樣：「我往來的都是三十歲在社會工作的大哥，朋友圈就是這群黑道兄弟，當我同學不碰了，遠離我了，但我還是泡在幫派裡，這種東西戒不了。」

十七歲因吸毒被送進少年感化院，出來後，越混越凶，跟著大批販賣，曾經涉入買賣毒品的糾紛，被人拿槍抵著頭，也曾為了逃避警察追緝，飛車翻覆：「我坐在車上翻過來，記得看到整片的藍天……。」這些險惡遭遇，他都沒死成。

父親為了他提早退休，帶著他遠離故鄉，企圖營造新的人際環境，幫兒子戒毒。總是持續幾個月後，蔡明蒼在新地方，依舊不斷重複吸毒的舊習慣。父母失望極了，只要知道兒子要回雲林老家，二老就連夜開車離開。

「我一直到後來才知道，爸爸為了躲我，一家人特地在南投買了新家不讓我知道。」打算回家拿錢買藥的蔡明蒼看到空屋子沒人，氣得拿椅子往地上砸：「老家地板有一塊磁磚是破的，就是被我砸的，我爸一直不肯修，就是留著要警惕我。」也不是沒有念頭從良，出獄時，從監所內走到最外層的大門共有十一個門：「每次立志這次出去，一定不吸了，但走到第五個門、第六個門，你的意志就開始動搖了⋯⋯。」

他說，身邊跟他同期吸毒的人，大多都死了，能安然上岸的幾乎沒幾人。這些負面案例都沒嚇到他，就連牢獄生活也不足為懼。「坐牢最怕沒有熟人，沒熟人就很痛苦，但關久了，就有朋友，有時還有大哥罩，生活並不難過。」

牢裡時間變得扁平，日覆一日，生活規律，讓人很難意識到時光流逝，「七年、八年聽起來很長，對我來說，怎麼一下子時間就過去了。」最後一次出獄，他已經三十二歲了：「我心情像是剛退伍的年輕人，可是跟我同年的親戚，全都成家立業了，心裡會很慌。」彷彿他是被時間遺棄的人。

坐牢的日子，遇到的都是同類型的人，聊賭博、聊女人，時間過得很快。一回到常規社會，「你沒辦法跟一般人聊這些，別人會怕，但你不聊這些，你也不知道能聊什麼。」

還好出獄時三十二歲，不算太老，尚能調整自己復歸社會。「更可怕的是很多打海洛因的，現在已經快五十歲了還在關，有些關出來的已經七十幾歲了，只能直接送養老院了。」臧興國還說起近日處理的一個個案，已經六十四歲，再幾個月就滿六十五歲可以領老人津貼了：「他最近被判緩起訴，還要繳四萬多元的戒癮治療，繳完之後，身上連二百元都沒有。我還真想勸他，不如你就不要緩起訴，直接被關到六十五歲出來，還可以領津貼了。」

目前臺灣司法體系傾向將成癮視為「生病」，而不再是「罪犯」，因此只要情節不嚴重，法官有裁量權可判決緩起訴，並進行戒癮治療。這原是出發良善的政策，但落實到年紀大又經濟狀況欠佳的海洛因成癮者身上，緩起訴反而是另一種犯罪的風險。

臧興國解釋，判了緩起訴之後，國家是把成癮者丟給戒癮機構，並不管成癮者有沒有支持的生活和情感資源：「有些被判緩起訴的吸毒者，戒癮做一半就跑了，或是無力負擔這個錢，又回去吸毒，本來緩起訴，之後又回到牢裡。」他以過來人的心情，有感而發：「牢裡的日子過起來比外面容易多了。」

這些又老又窮的成癮者，最後要怎麼辦？臧興國轉述一個例子，有位煙毒犯出獄時年紀已經太大了，家人也不願意接受，沒有機構願意收容，最後只能到路上流浪：「被警察巡到三次就是有註記的街友了，照理遊民中心可以收容，但吸毒犯大家都怕，尤其又是打海洛因的，更沒人要收。」最後由幾個民間NGO團體協調才完成這名個案的安置問題。

「牢裡現在還很多老煙毒犯，這幾年就要出獄了，我們也不知道要怎麼辦才好。」臧興國有些憂心。

每年統計數字銳減的海洛因吸食者其實沒有不見，這些人從毒品的戒癮問題，轉變成老化的安置和復歸社會的難題。

解決海洛因問題的古老手段：美沙酮治療，也產生新的難題。原本是讓海洛因成癮者服用替代性物質「美沙酮」，借以斷除海洛因的癮，只是，美沙酮本身也是易成癮的「毒物」。晨曦會近日曾收到二位老煙毒犯「報名」戒毒，他們服用美沙酮已經長達八年，海洛因戒了，卻美沙酮成癮。「你很難說美沙酮是完全的好還是壞，它有點複雜。」蔡明蒼用一句流行於「毒友」之間的俗語，點破這個又毒又是藥的尷尬身分：「有錢拿來捅（指針頭打海洛因）；嘸錢美沙酮。」

海洛因價格昂貴，成癮性高，使用後，人易昏睡，無法工作。相比之下，替代療法的美沙酮，一個月二千元，每天（或二天）服用一次，用完之後，人是清醒的，仍有辦法工作。很多藥癮者，癮來了，買不起海洛因，便先用美沙酮頂著癮，等下次手頭寬裕了，再回頭去買海洛因。或是用了美沙酮後，精神狀況不萎靡，還能去打個零工，賺點錢，有錢之後再去買藥。

第一次遇到老張，是在臺北市立聯合醫院昆明院區周邊，他每天固定到這裡領美沙酮，他身材乾扁，皮膚黝黑，神情有些慌張。他說，和幾個朋友在大同區租了房間，這些室友都是海洛因成癮者，他們每天生活的重心就是到昆明院區領美沙酮。原本住新北市，為了方便拿藥，乾脆一起在臺北租屋合住。精神狀況好一些，就去打零工，這樣的日子已經好幾年了。

老張說沒幾句話，戒心極重地匆匆離去，像是一道見不得人的影子，遁入巷弄裡。

藥癮者是這個社會的暗影，海洛因的成癮者則是暗影中最難以見人之處。隨著科技的轉變，成癮藥物日新月異，海洛因看似在臺灣已退居次要毒品，這群癮者卻成為最隱形的一群人。

「反毒教育太成功了，普通人聽到海洛因都會怕，他們對毒品的刻板印象全來自它，好像全世界唯一的毒品只有海洛因而已，可是偏偏你在現實生活裡越來越難遇到真正的海洛因施打者了。」一位從事成癮戒治多年的工作人員這樣說。

第七章　神藥與安毒

二〇〇二年十二月一九日，午間新聞快報，新聞臺出現這樣的標題：**女魔頭落網**。新聞裡描述一位黑幫大哥因槍械與詐欺案入獄後，整個幫派由他的妻子接手，由她帶領集團數十位小弟，共同經營信用卡盜刷、討債、槍械及毒品買賣。

這名女魔頭是現任利伯他茲基金會社工，身材微胖，笑容親切，除了爽朗的語氣帶幾分江湖氣味，除此之外很難想像眼前的女子與毒品、黑道有這麼深的關係。

她從十六歲起便開始使用安非他命，她的吸食歷史正是見證了安非他命三十年來在臺灣的發展：從合法藥物，一路到管制藥物，再成為現今臺灣最嚴重的毒品問題。毒品因為藥效與環境的關係，常會隨時代常有所更迭，每種毒品流行時間長短不一，在臺灣唯有安非他命是歷久不衰，究竟這款毒品，何以如此受到歡迎？

為了證明自己並非天生如現在和善的面貌，陳鳴敏從手機上秀出了舊照，清瘦的雙頰配上俐落的短髮，手裡還抱著剛滿歲的女兒，看起來也不像黑道。「你看那個照片裡的眼神，很渙散，那時我正在茫。」一陣子後，她又補充：「我吸毒從來沒有需要特別去找藥，所以沒有『癮』上來，提藥的問題。」陳鳴敏仗著年輕貌美，是酒店裡的「名花」，身邊的男人、酒店的主管會無止境提供她藥物。

「毒品真正可怕的是，你會變成一個連你都不認識的人。」她現在還記得，當時在舊照片裡的這個年紀時，吸了安非他命，整個人變得焦躁不安，女兒剛出生，稍有不適便哭鬧，藥效正在作用的陳鳴敏耐不住性子，便拿衣架等隨身可取得的物件，死命往女兒身上打，打到自己都累了才罷手：「我還記得，打女兒的時候，我心裡竟然是很愉快，這個感受我至今想起來，都覺得自己好可怕。」

陳鳴敏的父親是退休警官，從小對她管教嚴格，為了買機車，十六歲的陳鳴敏便到臺北忠孝東路上的賭博電玩店當換幣小姐。昔日的電玩場在現今的阿波羅大廈周邊，當信義區還未興起前，這裡勉強算是都市邊緣，再往東走是國父紀念館，再往下走去則是一片低矮的製菸工廠。

一樣人流不斷，但人潮的成分已經不同。製菸工廠現在已改建成臺北巨蛋及松菸誠品，阿波羅大廈附近則是有各色異國餐廳及服飾店。八〇年代末期，陳鳴敏的東區生活，是充滿黑道大哥、小弟的世界。他們擠在大廈的某個樓層裡，沒日沒夜地與賭博電玩搏鬥。

換代幣的小妹薪水是一般公司行政工讀生的三倍，工作內容簡易，只需坐在櫃檯前幫客人換錢。偶而，則需要幫這些客人跑腿買些食物。陳鳴敏活潑外向，很快就跟所有客人打成一片。不過，她也意外發現，除了跑腿買食物飲料之外，店家偶而還要幫客人叫「藥」。這種白色結晶的粉末，據說能提神，讓賭客能熬夜奮戰。

這款神藥銷路不錯，一些藥頭索性就把藥寄放在櫃檯，固定時間再過來結算。那是一個對毒物認識尚淺的年代，安非他命尚未成為管制毒物，可以在社會裡合法買賣。「當時除了客人用，還有不少警察來這裡也會順便買來用。」眼看藥物的神奇，陳鳴敏一路數著臺灣曾經流行過的毒品，她大概都在那個電玩場裡試過了。

她最後離職了，轉進酒店業，離職的原因是需要錢，但不是因為吸食安非他命而缺錢：「我在賭博電玩上輸了很多錢，需要另外找工作去賺來還。」

毒品不單只是感官享樂，更多時候是生活上的需求。例如賭客為了賭，需要藥物提神。真正讓他們成癮的不是藥物，而是那個生活條件下，為了生存，必須仰賴藥物。像是陳鳴敏只是一開始好奇而少量使用，並沒有因此變得仰賴藥物。

老賀則沒那麼幸運了。他在八〇年代是聯結車司機，彼時經濟起飛，各行各業「錢」景看好。老賀形容那個年代是：「睜著眼就有錢掉下來，不是怕沒機會賺，而是怕時間太少，賺不夠多。」他當時開著聯結車從南跑到北，一趟車程動輒四、五個小時，為了想趁年輕多賺錢，他可以一天跑四趟，完全不睡覺。

老賀出身眷村，父親士官退伍後，分得一小間矮房棲身。老賀的母親有氣喘，無法從事太過勞累的工作。在經濟起飛，人人想發財的年代，老賀也不過是想多跑幾趟車，幫父母買一間大一點房子。

鐵打的身體，禁不起長期缺乏睡眠。老賀開車，越開精神越渙散，有次還把車撞上路邊的護欄。眼看狀況惡化，跑車的同事介紹他，有種提神的「神藥」，沾在菸上抽，可以三天不睡覺。

服藥初始，老賀覺得自己金剛不壞，有源源不絕的精力，只是藥效退去時，人會變得非常疲憊，有時甚至需要睡一天一夜方能醒來。這還不是最糟的，老賀最後開車變得神經兮兮，時常覺得後方來車在監控他，開始懷疑同事都為了要爭取好的跑車班次，而在他的便當裡下藥。

最糟的狀況是，他開始把貨送錯，並不斷與人吵架。父親以為他中邪、運勢差，帶他去廟裡拜拜。問事的乩童告訴他，要他戒菸吃素多休息，他誤打誤撞把菸戒了，同時就不再碰「提神」的神藥。多年之後，他聽同行的司機提起，方知當年沾在菸上抽的、有時靠水車燒的白色結晶就是安非他命。

老賀說：「人家用毒都是要求茫、求快感，我抽這種「菸」，是為了提神，沒想過，原來這也是毒品。」他眷村的鄰居小妹也是安非他命的成癮者，一開始是聽聞有款減肥神藥，一點點劑量便能強烈抑制食慾，同時精神還會特別專注。老賀的鄰居吃到精神異常，有幻聽幻覺，最後住進了精神病房。

安非他命與其他毒品最大的不同在於，它的藥效猶如變形蟲，可以因應各種社會情境的需求，提供不同的滿足。

一如為了賺錢的陳鳴敏進了酒店業，這是一個高壓又需要酒力的行業，此時，安非他命又發揮了不同的功效。

她每天過了中午才起床，因為前夜的宿醉未醒，身體疲備，她會先來幾口安，讓自己提神醒腦。出門上班，等酒客上門前，她會再呼上幾口安，這比較像是對自己心理喊話，靠幾口安非他命的儀式，提醒自己要整理好心緒，準備工作。

與酒客交際時，為了解酒，陳鳴敏喝到快不行時，會躲到廁所裡，再呼上幾口。解酒液、熱湯、熱茶，這些解酒的效用都太慢太弱，她沒辦法慢慢等著身體自然退去酒意，只能求助神藥，仿若高速列車，幾秒之間就能抵達目標。

幾口安煙入肚，走出廁所，她又成為一個新的人，從頭再戰。

日進斗金的日子，陳鳴敏是店裡的紅牌，一個晚上客人的酒錢就替店裡進帳不少，這一點藥錢多由領班吸收，她還記得當年的盛況：「領班會去買一大塊安，結晶的那種，放在休息室，需要的人就去挖一點來用。我從沒有缺過藥，也不知道沒藥的痛苦是什麼。」

這種社會邊緣行業與毒品共構共生的型態一直延續至今。東吳大學社工系助理教授陳玟如在進入學術圈之前，也曾擔任多年的毒癮戒治社工，她在情色行業的工作者身上聽到許多跟陳鳴敏相似的毒品故事：「毒品在她們的生活是一種工具，用來提神、解酒，甚至你有病痛，沒時間看醫生，也會先用幾口安減緩症狀。」

回顧臺灣所有的毒品流行史，安非他命是唯一的精神亢奮劑，臺灣在美軍駐臺期間曾有小規模出現一樣具有精神亢奮效果的古柯鹼，美軍離臺後，古柯鹼就從臺灣社會消失了。精神亢奮劑會使人精力旺盛如超人，這樣的藥效很符合現代高工時又高壓力的工作環境。這種社會情境的需求，造成安非他命大流行，也是難以根治的原因。

這種藥物與工作結合的狀況不僅僅在社會的邊緣產業，在白領與學生族群間開始流行。小陶是個奇特的例子，他因持有K他命與搖頭丸入獄短暫服刑，出獄後，牢裡認識的朋友介紹他吸安。他還記得第一次的經驗：「很不舒服，頭很暈。」在友人多次慫恿下，他之後又用了幾次，「之後比較能控制藥的感覺，吸安之後，整個人頭腦思路變得好清晰。」

原本對念書沒有興趣，也不喜歡運動的小陶，吸安之後可以一個晚上打掃家裡的地板，或是連續運動好幾個小時。「我後來想，與其浪費時間在那邊掃地，不如趁藥效上來時，念一點書，反正我剛好要考證照。」

這個奇想竟然成真，每當疲累時，他便呼上幾口安，最後竟然順利考取乙級證照。

皓子也有相似的經驗，他在九〇年代中期念了臺北市的明星高中，班上的學生各個是怪物型的天才，無論皓子如何用功都無法考進前十名。安非他命成為好學生們之間的「聰明藥」。皓子也會在段考、模擬考這類重要的考試前夕，使用一點安提神，以促速讀書效率。

不過，現今的校園老早已不流行安非他命這種偏「硬蕊」的毒品，讀書不再是年輕人沉重且唯一的使命，青少年濫用物質甚少是為了成績，而是為了尋求情感上的認同和派對的感官享樂。K他命、咖啡包、笑氣帶來的歡快感比安非他命的專注感有趣多了，一位青少年形容安非他命給他的感受：「只能一直專心做一件事，很無聊。」[26]

26 衛福部（2022）於〈藥物濫用案件暨檢驗統計資料【一一一年報分析】〉指出十九歲以下藥物濫用以K他命、咖啡包為主。（https://www.fda.gov.tw/tc/site.aspx?sid=12083&r=1903166607）

事實上，一九三〇年開始，德國柏林的製藥廠Temmler以Pervitin之名大量生產甲基安非他命，初期便是以「振奮精神」、「止痛」、「抑制飢餓感」這些藥物特性而聞名於世。問世之初，不需要任何處方簽便能在德國的大小藥局購買，直到一九三九年才需要處方簽，但仍是一款當時在德國隨處可見的「國民常備藥品」。

即便納粹德國將藥物成癮視為一種人格缺陷，但在二次大戰期間，德國軍方默默容忍士兵使用安非他命以增加戰鬥力、克服上前線的恐懼。在戰爭期間，同時也是德國安非他命產量的高峰。

安非他命不僅用於戰場，德國的史料也發現，戰爭時期為了製造大量軍靴，為了測試軍靴的耐用度和舒適度，工廠會從集中營找來囚犯試穿鞋子。試穿者整天要走四十公里的路，不斷地走，不斷地奔跑。而他們能有這樣的體力，便是被餵食了安非他命。於是每天平均有二十位集中營的囚犯死於鞋子的測試工作。

同個時空的臺灣，也有相似的命運。二次大戰的日本兵也使用安非他命增進戰鬥力，尤其神風特攻隊員上飛機前，為能澈底執行任務，更是需要安非他命壯膽。而這些安非他命的製造產地便是臺灣。

日本殖民時代的臺灣可以合法製造鴉片，對麻醉物質有相較日本本土更寬鬆的管制。

日治下的臺灣鴉片產量一度是亞洲的重要出口地區，因為有製造麻醉藥物的傳統，自日治時代開始，臺灣也有製造安非他命的技術。

「這些技術就留在臺灣，成為戰後臺灣製安的基礎。」陳玟如認為，這是臺灣製安技術精良的原因之一。加上早年臺灣並不管制黃麻素，這是一種存在黃麻植物裡的成分，也是中藥的藥材。不僅在中藥材可以找到製安的原料，市售的感冒糖漿也有黃麻素。經過幾段化學強酸、強鹼的清洗過程，可以純化出安非他命的原料。

技術起步得早、原料取得容易，安非他命於是在臺灣生根並轉型輸出技術與產品。

從九〇年代開始，臺灣不時有安非他命銷往海外的傳言，有不少製毒師傅還遠赴中國大陸與東南亞國家製毒。九〇年代的陳鳴敏也趕上這波風潮，她在酒店裡認識了一名黑道大哥，兩人結婚後，陳鳴敏辭去酒店工作，專心做一名大哥的女人。

大哥的女人一點也沒閒著，她輔佐丈夫的盜刷信用卡的生意。九〇年代哈日風高漲，西門町萬年大樓有各種日貨商店，這些店家便是陳鳴敏的潛在合作對象。日貨商店會請陳鳴敏代購特定的日本商品，每個月陳鳴敏帶著小弟們到東京各大城市掃貨。她用盜來的信用卡資料在日本購買這些商品，回臺後，再以市價的八成賣給店家。這種無本生意，讓陳鳴敏過了好一段優沃的日子，從代購日貨的生意開始，她也開始涉入毒品生意。

在日本幫她張羅購買日貨的臺灣留學生提出購買臺灣安非他命的需求，大姊性格的陳鳴敏認為，平日「公司」就有在買賣，順路帶一點到東京來，多賺一點錢也沒什麼不好。

於是，她斷斷續續夾帶了少量安非他命到日本，臺灣的安毒在當地有不錯的「商譽」，幾乎只要「貨」進得來，就能瞬間完售。回想起這段經歷，陳鳴敏才有了「後怕」：「我當時嗑安已經嗑到瘋狂，對很多事沒有現實感，像我這種多次出國的紀錄，又沒有正常職業，出入國門是很容易被盤查，為了那一點錢，冒了這麼大的風險。」

一連買賣幾次，陳鳴敏都沒有失手，最後讓她斷了這條生意還是她自己的性格。

由於年輕時便離了家，陳鳴敏把所有情感的重心都放在另一半身上，丈夫雖給她衣食無虞的日子，卻不時出軌。甚至，有毒癮者沒錢買毒，帶著女兒要一起跟他上床，來換取毒品。面對各種誘惑，她的丈夫幾乎是來者不拒。陳鳴敏在這段婚姻裡極度痛苦，每次為了捉姦而和他衝突不斷。

某次到東京代購日貨的行程，陳鳴敏同時還帶了上百顆搖頭丸與安眠藥準備轉賣。生意還沒開始談，她在東京的飯店裡得知在臺灣的老公又與女人上床，她一時怒火攻心，捉起一把搖頭丸混著安眠藥吞了下去。

瘋狂的舉動不僅嚇壞同行的小弟，連帶在日本當地替她張羅各種買賣生意的幫派也嚇壞了。陳嗚敏在日本的醫院被救了回來，但從此也沒人敢再與這名剛烈的臺灣女子有任何的生意往來。

陳嗚敏從來沒有為「癮」所苦，因為要用藥時，身邊總是不缺貨源，直到此刻，她方才意識到藥物一點一點改變她的性格，她時時刻刻處在瘋狂、焦躁的情緒邊緣而不自知：「我當時應該很可怕吧？只有我自己不知道。」

她依舊每日吸安，幫老公處理各種生意。精神時常恍惚，她曾經開著昂貴的進口車在路上打滑翻車，車內灑出各種藥丸與裝著粉末的夾鍊袋，幸運之神始終眷顧她。在警察到場之前，她快速把所有的藥物收好、藏好。

只是，出來混的日子，終有一日需要償還。二〇〇〇年左右，陳嗚敏的丈夫因盜刷信用卡及毒品問題入獄服監。陳嗚敏看著十幾個小弟要「罩」顧，沒想太多就扛起「養家」的責任，問她為何有如此「膽識」，她歸結：「應該也是嗑藥嗑到沒有現實感，才會這麼瘋狂敢接下這個任務。」

此時，信用卡的防盜刷機制越做越精密，刷卡的程序有數道加密過程，陳嗚敏的盜卡生意越來越難做。至於毒品買賣，她回道：「這個賺的本來就不多，我們賣藥大多是自用比較多，貪圖可以拿到比較便宜的價格，用不完才拿去賣。」

她曾瘋狂到考慮將觸角伸入製毒業，也曾南下高雄探訪製安工廠，只是製造過程有太多複雜的環節，當時的製安師傅因為臺灣管制逐漸嚴格，開始往中國、東南亞等管控寬鬆的國家移動。缺人，原料也開始難以取得，陳鳴敏的製毒大夢因而停擺。

丈夫入獄，毒品生意、偽卡盜刷都越來越難做，陳鳴敏前半生順風順水的人生開始有了轉折。二〇〇二年十二月，警方衝進她的住所，搜出了改造手槍、安非他命及數百張的盜刷信用卡。陳鳴敏因而判刑入獄。

她似乎早預料有這一天的到來，並不害怕，又或是吸食藥物累積的「腦傷」已使她瘋狂，早已不知恐懼為何物。「我到入獄前一天還在吸安，打算出獄後，繼續再吸。」她終究還是幸運的，從十六歲開始接觸毒品，入獄後，也只有輕微的戒斷症狀，她在牢裡一切適應良好。

直到一門宗教課堂上，老師要學員們回想自己的生命歷程，並說出自己後悔的事。一輩子沒想過後不後悔、凡事就是往前衝的陳鳴敏，想起自己七度墮胎，在酒店工作前幾年，曾經生下一名男嬰，生下後更把兒子交給了男方，此後就沒再見過面。

她為素未謀面的兒子感到愧疚，也想到從小被她痛打的小女兒，是要如何看待這樣的母親？人生禁不起細想，她在課堂上痛哭失聲，原來愧疚是如此刺痛。

她決心做個好人，出獄後，信了天主，在賣場當過售貨員，也當過清潔人員。她當時的心願是要好好跟兒子見一面，並說聲抱歉。那個她曾經深愛的男人，也出獄了。她帶著男人上教堂，男人來了幾次便不再出現。

「他還想東山再起，這是這種男人的宿命。」這個宿命注定是場悲劇，男人想重回小弟簇擁的風光日子，無奈入牢的這幾年，人早就散了，道上生態也不同了。男人沒有一技之長，連基本生活都成了問題。

陳鳴敏曾經出手想拉他遠離過去混亂的日子，男人適應不良，最終還是回到他熟悉的毒品世界。兩人離了婚。回想起來：「我也想不透當時怎會如此愛他。」是藥物使人瘋狂因而奮不顧身，還是愛情來的時候本來就會使人瘋狂？

愛與不愛都不重要了。幾年之後，陳鳴敏的前夫死於用藥過量，死的時候，手臂上還掛著海洛因針筒。

陳鳴敏存了錢，和兒子去了一趟泰國旅遊，這是她重要的人生願望清單。她特意選在一個震耳欲聾的場合，小聲問了兒子：「你會不會怪媽媽？」她打算兒子若沒回話，就當作是環境太吵，他沒聽到。

沒想到兒子還是回了，他很體貼告訴這位不熟的媽媽：「我知道妳當時那樣做，一定有不得已的理由。」他們走在曼谷吵雜的街頭，陳鳴敏一顆懸著的心，此刻緩緩平靜地降落。她知道，這一次她真的澈底遠離狂亂的安毒了。

陳鳴敏是幸運的，還有更多不幸的人，各自因各種不得已的理由，在安毒的世界裡浮沉一世。安毒幽靈遠離了陳鳴敏，但從未離開臺灣，在這個講求效率、講求成功，但人心寂寞的時刻，安毒不斷進化變形並與脆弱的人性相互結合，成為島上難以揮去的惡夢。

第三部　網路

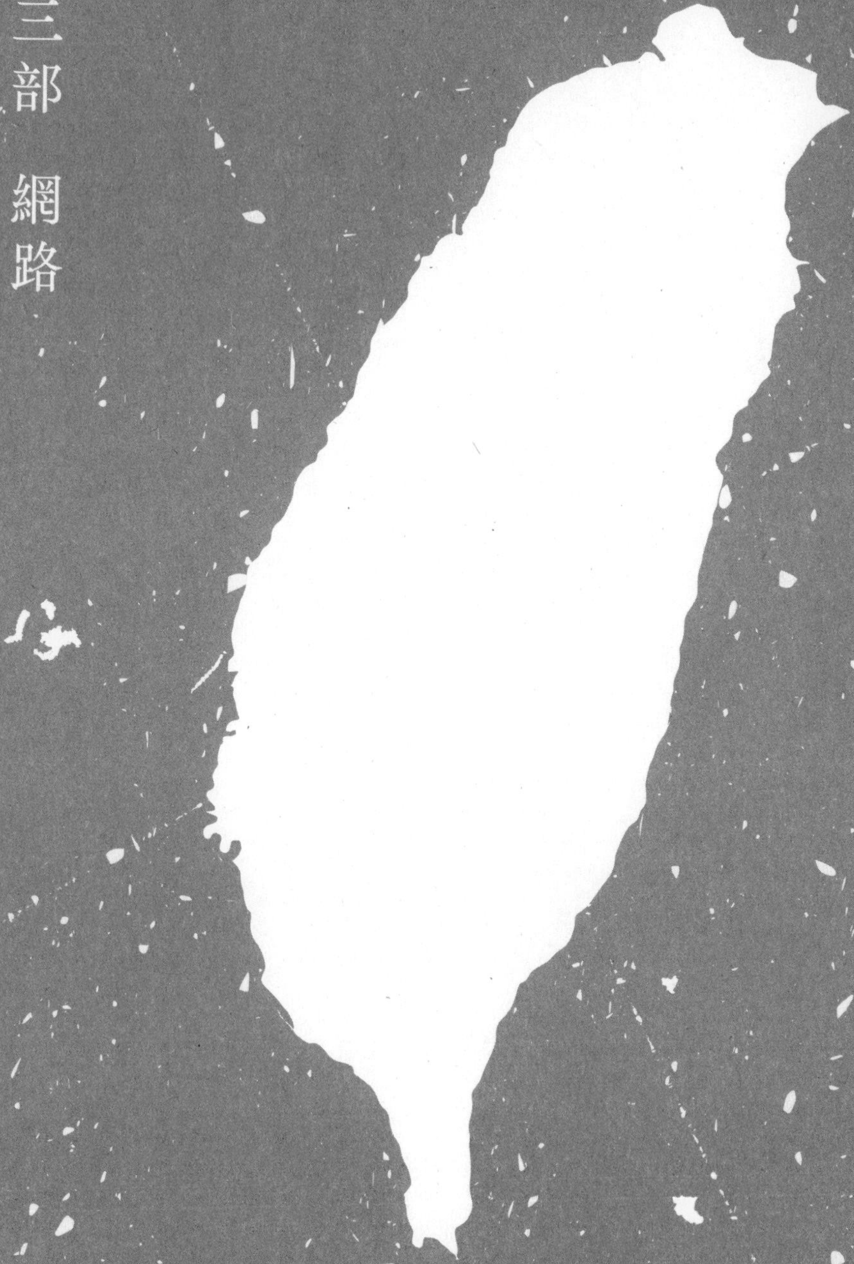

第八章　藥愛

「OD（用藥過量）的時候，我心想，太好了，我終於要死了……再睜開眼的時候，這是天堂嗎？沒有，我沒死，幹，我超難過的，怎麼沒死呢？」大學還沒畢業的男同志小P，整個人生都嗑藥嗑壞了，採訪時對任何的提問都答得七零八落，唯獨談到瀕死經驗，說得誠懇，眼泛淚光。

小P並不是唯一的特例。二〇一五年，英國紀錄片《藥愛》[27]內容是拍攝一群在倫敦嗑藥享樂的男同志。藥愛（chemsex）一詞指的是以藥物助性，多半是以搖頭丸、安非他命、G水等毒品結合性愛，這種特殊用藥方式，盛行於男同志之間。片中，一位男同志在前往狂歡的車上，藥效開始作用，他用絕望又快樂的語氣與大家道別：「如果能這樣死掉就好了。」那張表情和小P神似。

在臺中山區的「朝露農場」是臺灣第一個正式專門收容男同志藥愛癮者的治療性社

27 William F&Max G. (Director). (2015). *Chemsex*[Film]. Saffron Hill Films.

區，農場主任伊魯秀一告訴我們：「因為床位不多，又不斷有人申請，我們正在努力調整空間……。」福音戒癮團體晨曦會、利伯他茲、主愛之家、沐恩之家都先後針對男同志的藥愛問題提供戒治服務。這些組織的負責人不約而同地表示，排隊進來戒治的男同志已經讓他們應接不暇，有些戒癮團體甚至要排隊一年以上才進得去。

連精神科門診也可看到這樣的變化。長年在臺南療養院做物質戒癮的精神科醫師張耿嘉便發現：「以前做最多的是海洛因美沙酮治療，這幾年用海洛因的人變少了，門診的男同志藥愛變多了，安非他命成癮性高，又沒有特定的替代性治療，處理起來特別麻煩。」

自千禧年之後，在男同志社群流行起藥物文化，先是與電子音樂結合的搖頭舞廳文化，後是與安毒與性愛結合的「藥愛」（chemsex）。這個風潮在全球大城市裡流行，臺灣也置身於這個大流行之中。倫敦的男同志健康組織 56 Dean Street 便長期服務、解決倫敦男同志社區的用藥問題，洛杉磯、溫哥華都有相似的組織提供這類服務。

所有的藥物流行與衰退都緊緊扣著該地區的社會結構、社群文化和個人經驗差異，臺灣的藥愛問題正是三者交錯影響下的產物。

自一九九〇年代末就關注男同志社群健康問題的成功大學護理系教授柯乃熒，回國教書後，便常跟著男同志混夜店，也見証了臺灣藥物的歷史：「一開始，藥跟性的關係不是那麼緊密，是跳舞用的。」

四十四歲的阿右經歷了千禧年前後，臺灣搖頭舞廳的盛況：「用了搖頭丸之後，整個世界都都變得充滿愛，我覺得自己也變得不一樣。」他平日性格內向、害羞，但一顆藥丸入肚之後，他可以不在乎他人眼光，成為舞池裡妖嬈的「一代舞后」。

他每週準時到舞廳報到，散場後，捉著藥效的尾巴，再找人回家「續嗨」打砲。性愛並不是主要目的，只是藥的「附帶」效益而已。搖頭丸對阿右留下了二件事，其一是磨損的膝蓋，因藥效帶來的過度運動，阿右現在已無法像過去盡情熱舞。此外，他因在舞廳被臨檢，驗尿有陽性反應因而送戒癮治療。

「搖頭丸根本就沒有癮，要戒什麼呢？」阿右至今提起，仍憤憤不平。至於戒癮根本沒有任何戒治：「只是叫你到教室看影片，我也忘了看了什麼，因為都睡著了。」阿右是在二〇〇六年戒癮治療，事隔快二十年，臺灣的戒癮治療仍大同小異。阿右的經驗彰顯了二件事：同志社群把藥物視為生活的調劑品，而不是「毒」，戒心較低，甚至追求與「毒」共處的生活。而政府的戒治計畫很多時候只是徒具形式，欠缺對吸食者的文化、社會關係做全面的了解，也是政府面對毒癮問題的縮影。

根據聯合國毒品報告，二〇一〇年開始，全球的安非他命產量暴增，連帶價格開始崩跌，低價的安非他命開始橫掃全球各大城市的毒品市場。臺灣內部，警方則開始大力掃盪各大搖頭舞廳，阿右先是覺得一個晚上要經歷二次臨檢是一件很「解」的事，接著是舞廳一間一間關門，他們轉往朋友的「私人派對」跳舞。最後是，市場上越來越難買到搖頭丸，只剩「便宜」的安非他命。

阿右的搖頭丸黃金年代就此一去不返了。

當時和阿右一起上舞廳的除了男同志之外，還有一群做八大的酒店妹：「男同志續晦會想打砲，反而酒店妹不會特別想做。」柯乃熒認為，異性戀之間也有陪搖傳播妹的藥愛文化，甚至男人用威而剛也算是一種廣義下的藥愛。不過，她認為，男同志間的藥愛文化仍是一個顯著現象，背後有部分的原因來自——社會的壓抑與不友善。

柯乃熒說：「表面上，同婚過了，同志權益開始受到注意，但你真的去每個家庭問，如果家裡的小孩是同志的話，父母的反應大多還是負面的、甚至是不談的。」廿八歲的蛋蛋，十八歲開始用搖頭丸，他在十四歲時出櫃，而出櫃完全是場意外。

當時的蛋蛋在網路上貼了「水電工阿賢」的男男色情影片，被臺南警局提報違反兒少法，要他到案說明。由於只有十四歲，在政府單位任主管職的父親特別請了假，帶他從臺北南下應訊，他還記得，當父親看到警方印出來的影片截圖，臉色大變。走出警局門口，父親只淡淡說了一句：「你在外面自己要小心。」

應訊結束後，「我們在古典玫瑰園吃飯，就靜靜吃飯，他從頭到尾都沒跟我討論同性戀這件事，我很希望他跟我談。」即便是像蛋蛋這樣的中產家庭，面對家有同志小孩，仍是不知所措。無法在家庭裡找到支持，蛋蛋開始向外尋找認同。

他開始到同志集散地西門町紅樓的服飾店工作，賺了錢，就混舞廳、用藥、跑趴：「當時用藥的人都是一群『高貴雞』（指外貌佳、打扮入時的同志），藥是一種流行，是打入他們圈子的手段。」

明明當時只有十八歲，相貌也不差，蛋蛋卻有極深的外貌焦慮，他自覺正面的臉太乾扁，講話時至今仍習慣以側面示人：「我以為在同志圈裡，大家都一樣，會感到安全，結果，裡面是有階級的，外貌不好的就是無人聞問的賤民。」他還記得後來換到東區的內褲店工作，客人大多是男同志，有客人會直接說：「你長得真醜，怎麼敢在這裡賣內褲？」、「身材這麼差，怎麼不去健身？」

只有在藥物的世界裡，他可以忘卻這些焦慮，真正跟所有人成為朋友。

不幸的是，他在十八歲那年成為ＨＩＶ的感染者，這也是藥愛的風險之一：因為安非他命的藥效作用，會使人追求極致的性愛，對帶有阻隔感的保險套無法忍受，因此大多是無套的危險性行為。

蛋蛋因藥愛而帶原，卻又在藥愛裡得到撫慰：「大家都無套，心底都覺得，你應該是跟我一樣都帶原吧？大家都是一樣的人，有種找到同伴的心安感。」當時，他常常在不同的朋友家過夜，和不同的人「呼煙打砲」，一週七天全泡在安非他命裡。

後來，他有了新體悟：「我常在用藥時暈船，喜歡上別人。」藥場無真愛，唯一回應他的愛的，是一位神智不清的藥頭。有天，藥頭說要到歐洲工作，消失數年後，又再出現。

「什麼歐洲工作？他是販毒被捉去關，我怎麼會愛上這種人呢？」蛋蛋慢慢明白：「我只是想要有人陪，有人愛我而已。」他的「呼煙」之旅除了性愛，偶而還夾雜大量的聊天：「我用藥只是為了跟人接觸，而性只是接觸的方式之一。」

蛋蛋總是開玩笑說，男同志就是愛打砲，所以才會流行藥愛。此話也有幾分真實，柯乃熒二〇〇八年的研究便發現，男同志社群大多以網路交友方式認識彼此，而性又常常成為認識對方最快的手段。[28]柯乃熒說：「這是一個大家都這樣做的環境，你自然而然也就跟著這樣做。」

當社群交友以性為手段，又在匿名性高的網路世界，藥物容易結合兩者，形成男同志社群獨一無二的藥愛文化。蛋蛋說：「你最先認識一個人是網路上的照片，是他的外表，認識的下一步是打砲，而藥物可以讓這個認識的過程『提昇』到不同的感官經驗。」也曾做過兩性性生活輔導工作的柯乃熒分析：「男人在性方面常有夠不夠大、夠不夠久的焦慮，加上男同志文化裡又有嚴苛的外貌要求，各種焦慮在藥物的世界裡得到了解決。」

二十八歲的林恩高三那年，透過網路交友，認識一位大叔，見面後，大叔拿出一組水菸道具，林恩不知道這是什麼什麼，大叔要他吸幾口。他吸了之後，一陣暈眩，隨後而來是全身感官變得極為敏感，一點肌膚碰觸，他便有直衝腦門的酥麻感。

這是他的第一次安非他命經驗，此後人生，與藥糾纏不清。回顧自己的同志摸索之路：「我從高中就開始見網友，我住在臺南安平，離市區遠，想認識人很難。網友約見面就是打砲，不然也不知道能幹嘛。」他還記得高一的時候，同校的高三學長，從市區騎了很遠的單車到臺南安平見他：「見面當然就是要做，但二個人都不會，沒有套子，沒有潤滑液，插不進去，最後他又騎著單車，從安平騎回市區。」性賀爾蒙的驅力有多強，在他

28 柯乃熒（2008）〈網路、搖頭與性的交錯：青少年男同志感染ＨＩＶ的風險〉《愛之關懷季刊》六十三期，二〇〇八年六月。

們身上得到了驗證。

林恩的「藥海浮沉史」從十八歲一路到二十八歲，狀況時好時壞，而一個成癮者之所以成癮，除了社會結構、社群文化的因素之外，通常還事涉個人成長經驗。有精神科醫師便以「薩提爾模式」來解釋成癮行為：人的外顯行為只是水面上浮出來的一小塊冰山，冰山下方還有更巨大的成長經驗和社會文化交織而成的基礎。成癮亦是如此，吸毒只是表相，水面下有各種盤根錯結的因子相互交錯。因此，要解決一個人的成癮行為，必須要從冰山下的基礎下手。

林恩的父親因元配過世，留下四個小孩，再娶了林恩的生母。父親老來得子，有了林恩，雖受盡家人的寵愛，但林恩仍時不時覺得自己是家裡的外人：「我爸年紀很大了，我跟哥哥姊姊們相差的年齡也很多，我很擔心爸爸有天不在了，我和媽媽是不是就真的變成外人，潛意識很怕被趕出家。」

所以，從小林恩就努力當一個好孩子，討好所有人。他在學校功課名列前茅，考上第一志願，成為父親口中可向外人炫耀的好兒子。媽媽有輕微聽障，有時會因溝通誤解，與家人或鄰居衝突，林恩則扮演母親對外溝通的角色，化解母親各種的衝突。

從不跟父母頂嘴，對家人百般順服的林恩在上高中後有了轉變，他發現自己是同性戀，「成為外人」的恐懼又更深了：「如果我爸知道我是同性戀，我是不是就不再是他口中的好孩子？不是好孩子，我就更無法留在這個家裡了，不值得被愛。」好孩子的焦慮成了困住自己的預言，他因為接觸同志交友，接觸了毒品，各種焦慮又讓他陷得更深。

上大三的時候，安非他命已經完全瓦解他的生活，他每天用藥，缺課，精神恍忽，當他第一次slam（以針筒注射安非他命，成癮性更高，藥效更強）：「啪一下（解開止血帶的聲響），好爽，爽的同時，我又覺得，我完了，我完了，我怎麼會這樣？」他形容藥帶來的性慾，讓他明白，所謂淫蕩得像頭母狗是什麼意思，但極端的肉體感受，也帶來了不安。他向醫療機構尋求協助，回頭處理與家人的關係。

二〇一七年，我們在林恩環島結束時進行採訪，他當時已處理好自己和家人間的關係，靠著規律的運動戒除了安非他命，甚至藉由環島展現自己的意志。受訪時，他自信滿滿地面對未來，認為藥物理應從此在他生命裡絕跡。

四年後，我們在林恩臺北的租屋處採訪，他在幾週前，因生活變動，連續七天吸安，最後是由男友將他拉回來。他也向我們坦承，在二〇一七年的採訪後半年，他就重回安非他命的世界了。

國家衛生院研究員王聲昌醫師認為：「戒癮是一個光譜，很多人是在這個光譜裡流動，時好時壞，不是全無和全有的絕然二分，現在不吸並不代表永遠戒治。」而吸食的狀況也有輕重之分，林恩告訴我們，二〇一七年之後，他維持一、二個月吸一次安，吸的時候，他就把自己關在房間裡，無止境的手淫，直到射精的那一刻：「射出來時，覺得好累好累……終於解脫了。」

他和男友約定，可以吸安，但不能與外人發生關係，但藥效上來時，整個人春心蕩漾，連自己都管不住自己，所以林恩把自己關在房裡，甚至是躲在衣櫃裡，把車子和房間的鑰匙交給男友保管。他很慶幸自己住的地方是偏遠的郊區，要約人打砲並不方便，而同樓鄰居都是大學同學，所有人都知道他的狀況，並不會因為他是「毒蟲」就敬而遠之，反而在他需要時都能提供協助。

這個有機的「互助網絡」支撐住林恩，尚不致加速崩壞。

訪談一半，林恩的朋友米蟲來了，米蟲來取貨，兩人就在套房的桌上交易起「貨物」。數克重的安非他命被裝在夾鍊袋裡，再放入一個化妝品的紙盒裡。林恩向我們解釋：「這樣比較安全，被捉到時不會一眼被認出來。」

米蟲的神情有點緊張，我以為是因為有我這樣的陌生人在場的緣故，他向我解釋不安的原因：「我一想到裡面有安就會很興奮，我怕回到家，就忍不住想用。我是那種，床頭放多少（安），我就會一次吸光光那種人。」米蟲也有一個專屬於自己的「支持網絡」，他和不用藥的男友協定，藥只能放男友處，有固定的使用頻率，要用時，再向男友「領藥」，跟誰用也要報備。

事實上，不管是林恩還是米蟲的用藥模式都是從現實出發，考量妥協後的結果，這是近年來藥物「減害」的概念：不求立即的禁絕，而是在生活中，讓藥物的傷害降到最低。

二〇〇六年，當時的衛生署引進乾淨針頭供海洛因癮者使用、推行美沙酮療法，是「減害」概念首次進入臺灣。然而此後，減害只停留在概念上，戒癮體制與方法變動不大。很多社工、醫療人員都認為，當年推行減害只是想解決海洛因共用針頭的愛滋感染問題，毒癮根本就不是政府真正在乎的事，它依舊被視為個人的道德責任。

二〇〇六年的阿右、二〇一六年的林恩、二〇一八年的蛋蛋，他們在不同年代經歷了戒癮治療，方式竟都大同小異。林恩說：「我有去精神科，本來充滿期待，以為他想理解我整個生命經驗，再想方式去戒癮⋯結果，醫生聊幾句就叫我去驗尿。」蛋蛋參加過醫院的團體治療：「醫療體系偏好把我們視做能力缺失的病人，以一種上對下、沒有站在我們角度去思考毒品與我們生活的關係⋯⋯醫師也很忙，聊沒幾句也是叫我去驗尿，感覺就是把程序走完。」

不過，體制也非一層不變，只是進化緩慢。二〇一九年，國民健康署通過「藥癮治療性社區服務模式多元發展計畫」由民間NGO團體，提供不同的戒癮治療社區，以多元的方式解決藥癮。

王聲昌醫師則引進「復原模式」的戒癮方式，將用藥者視為一個完整個體，從個體的各種生命經驗，去找出藥物與成癮者之間的關聯，並從中破除或取代這個關聯。王聲昌解釋：「這個模式並不是針對同志的藥愛而設定，只是剛好現今臺灣的藥愛問題最先、也最廣泛使用這個模式。」

柯乃熒在高雄成立的「HERO藥愛療癒復元中心」便是援引相似的概念。柯乃熒舉例，有男同志一聽到同志交友軟體的訊息聲響，就會聯想到約藥愛的愉快經驗，因此就要想辦法用別的事去轉移注意力；有的則是不斷滑手機想約人，「我們就會引導，你滑軟體是為了什麼？想約人其實只是想要有人陪，既然只是想要有人陪，有沒有別的朋友聚會可以取代約砲而一樣有人陪？」

藥癮並不是憑空存在，癮之所以為癮，是因為藥物帶來快樂的經驗，與日常生活的感受、小細節做了緊密結合，因而人才離不開藥物。即使眾人總以為「藥場無真愛」，蛋蛋還是抱著浪漫的想法：「我每次用藥，都會想，這一次，會不會遇到真愛，然後二人一起戒癮。」二〇一八年，蛋蛋如願遇到真愛，在同婚通過後結婚，也成功戒癮，至今未用。

相較於林恩還在跟安非他命拉扯，蛋蛋離開安非他命很乾脆，反倒是K他命讓他花了一些力氣才戒斷：「我打砲時才會用安，現在年紀也大了，沒那麼想做了。但我壓力一大、心情不好就會做二件事，一件是抽菸，一件就是拉K。」K他命和生活的焦慮結合，心情不好立刻連結到拉K，對蛋蛋而言，戒K反而是麻煩的事。

不論是復元模式，抑或是多元的戒癮治療性社區，這些新一代的戒癮手段都自稱來自「減害」的概念，而同志藥愛問題則像面照妖鏡，折射這些表面上同屬「減害」的戒癮主張，實際上內容、光譜各有不同。

臺灣提供藥物戒癮服務的單位多是來自福音機構。這些福音機構，收留了早年被臺灣社會遺棄的毒癮者，解決部分海洛因癮者的問題。然而，毒品問題隨著社會變遷，有了不同的結合。同志社群的用藥問題，成了這些主流戒治機構難以施力的痛點。

一樣自稱減害的福音機構，做法仍與對待海洛因癮者相似，以禁絕慾望的方式戒癮，而藥愛同時面對的是二種慾望：一是藥的慾望，一是性的慾望。一位福音機構主管說：「一次要解決二種糾纏在一起的慾望，處理有難度。」

藥愛同時也挑戰了福音機構長期以來的基督信仰，機構裡的藥愛癮者不時在團體討論課質疑神到底愛不愛同性戀？有些福音機構在二〇一八年的同婚公投甚至是公開表態反對同婚，本質上與這些藥癮者已是「同床異夢」。一位曾經參加福音戒癮的男同志便說：「你天天說神的愛會療癒我的癮和痛苦，但我問你神愛不愛像我這樣的同性戀，你卻要我悔改？」

在管理上更是另一種難題，戒治機構大多是男女分居，而一群男同志因藥癮住在一起，難免發生各種感情糾紛，甚至發生性關係。這些都是福音團體從所未見的藥癮者，這群人大多受過良好教育，穿著乾淨體面又伶牙利齒，一點歧視、不順利便起身串連反抗，這是他們在不友善的世界裡習得的求生本能。

一樣同屬基督信仰的露德協會「朝露農場」則屬特例。

伊魯秀一領著我們繞了一圈農場，農場裡養雞也種水果，藥癮者在日復一日的勞動和課程裡，尋找內在戒癮的動力。和其他戒治福音機構不同，朝露農場少談宗教信仰，他們也不反對成癮者在機構內發生肉體關係，伊魯秀一說：「性本來就是正常生活的一部分，只要兩情相悅都沒問題。」他們原本打算設置「砲房」，但考量到使用的人反而會遭到異樣眼光而作罷，機構方仍是不反對「學員」在不造成別人困擾下，發生兩情相悅的性行為。

農場的課程也引導成員思考藥物與自己生活的關係。伊魯秀一說：「如果你癮來了，自己想過，如果用了，我會有什麼後果，而這個後果，是我自己能承擔的，好，那你就去用。」他不主張一次到位，完全禁絕的戒治，而是一點一點的位移，每次間隔長一點，藥物的量少一點。如果再也無法向前移，那要怎麼辦？「那就與藥共存，這是你的選擇，你要去承擔。」哪怕是一個月用一次，還是一年用一次，只要個人的生活和健康能承擔這樣的風險壓力，癮者停在這樣的狀況也無妨。

真的有與藥共存的一天嗎？柯乃熒主張的戒治方式類似朝露農場，將癮者視為完整、有能力的個人，也一樣認同依據癮者的狀況，採用不同程度的戒癮，不過，她強調：「我和朝露不同，他們認為戒癮停在某個點上也沒關係，但我認為，戒癮的終點還是要設在零使用，不管你在某個點上停多久，你還是要向著零使用的那個最終目標前進。在某個點上，你看似跟藥物共存了，但那個共存的狀態非常脆弱，一點外力變化就會瓦解崩潰。」

不同的路徑、信仰，對藥癮有不同的想像，和理想應抵達之處。而之所以眾所紛云、主張各異，正是體現藥癮戒治的複雜與難度。

戒癮後的生活有何不同？阿右沒有搖頭丸之後，迷上了安眠藥效發起的迷茫瞬間，那個茫感很像搖頭丸。蛋蛋則已經超過二年沒用藥了，但和老公也沒有性生活，他認為這是自己的選擇，並不覺得有什麼遺憾，兩人現今共同的樂趣是吃，每週到吃到飽餐廳報到，他笑稱：「我們二人吃得這麼胖，胖成這樣要約也很難約了。」

安毒幽靈從未離開，它總挑人脆弱的一面下手。唯有先認識並接受自己的脆弱，才有力量回抗它。也因為安毒成癮者的複雜面貌，與脫癮的困難，我們必須在每個灰色地帶裡奮力掙扎，才能讓自己活得像一個人。

第九章　Z世代毒品

桃園後火車站一處公園，常有三兩成群的青少年聚在角落。見有人影過來，便一哄而散。他們花大半夜的時間在公園群聚，帶著渙散眼神四處走動。天亮之後，地上常散落各種菸蒂和廢棄氣球。從事青少年中途收容服務近二十年的張進益一眼便認出，地上是K煙和笑氣的「殘留物」。

桃園市一直是各種青少年新興藥物的「發源地」。林口長庚醫院是最早收到大量吸食笑氣而癱瘓的青少年病患、二〇〇〇年前後，桃園甚至是搖頭夜店密度最高的城市；其中知名搖頭店「獅子王」更號稱是東亞最大的夜店。就算近五年，桃園市的咖啡包、K他命取締量，也一直名列臺灣最高縣市之一。

藥頭小黑曾在桃園大園有一棟三層透天厝做為咖啡包調配工廠，他說：「桃園有海岸、有機場，原料走私方便。」他專做笑氣、咖啡包，販賣範圍除了桃園也擴及臺北、臺中。他認為這也和幫派生態的關係，「肥水多的事業，像線上賭博、酒店都在臺北，桃園這裡的兄弟因為地緣關係就做毒。」為了因應毒品市場變化，當搖頭丸被查太緊、安非他命價格不斷攀高，桃園地區的毒品「加工業」依其「專業」不斷做出「產品創新」。緝毒中心的警官甚至自嘲，桃園產的咖啡包是另類臺灣之光，這種將各種毒品混合的方式不僅是創世界之先，甚至臺產咖啡包還一度賣到東南亞及中國沿海城市。

除了地理環境的因素之外，還有城市人口的特性。桃園市近年一直是人口快速成長的縣市，青少年人口較多，因此青少年物質濫用的狀況也較常見。此外，桃園有大量工廠，青少年毒品問題某程度反應了他們的勞工父母在這個城市長年遭遇的不變困境。

現年三十四歲的吳柏凱出生於基隆，還沒上小學，父親就把母親打跑，後來去桃園工作，便把吳柏凱留在基隆老家由母親照顧。「我對爸爸印象很淡，阿嬤當清潔工，我每天放學一個人回家、一個人寫作業。」一九〇年代開始，臺灣產業西進發展，桃園的紡織業、製造業開始經歷關廠轉型，無一技之長的吳爸爸在錯誤的時間來到錯的地方，求職不順，最後靠打零工維生。

吳柏凱記得自己還在念小學的某一天，父親出現在基隆老家、向阿嬤要生活費，阿嬤每天從基隆搭車到臺北市政府當工友，收入微薄，還要照顧孫子，身上根本無多餘金錢。吳柏凱的父親威脅她，若沒有錢，就要把她唯一的孫子帶走。沒有錢的老祖母最後只能眼睜睜看他把吳柏凱帶走。

「我小學成績本來還不錯，一直都是前三名，但從來沒有人因此稱讚過我。」吳柏凱未曾與家人出遊，也沒有留下任何一張童年照片：「沒人會幫我拍照。」小三那年，被帶到桃園後，父親因居無定所而沒遷辦戶籍，導致他長達一年時間，必須每天早上從桃園搭火車回基隆上課。

父親帶著當時的女友還有吳柏凱，每天住在火車站前一夜五百元的舊旅社裡，直到吳柏凱上了國中，父親才租了一間小套房。記憶所及，吳柏凱不記得父親做過什麼穩定工作。

細數下來，父親做過賭場圍事，帶著他上班，結果遇到警察上門，看著父親被戴上手銬帶走，他嚇得崩潰大哭。父親有陣子也在電動遊戲場工作，吳柏凱下課，父親會給他二個裝滿代幣的杯子讓他在遊戲場裡打電動。代幣打完了，父親心情好的話，會再給錢，讓他到樓上的戲院看電影：「這大概是我對他最好的回憶了。」

國二那年，一次父親外出，走前只要他好好看家，後來就不見人影。多日後吳柏凱放學回家，看到所有行李被丟到門口，才知道父親已經超過三個月沒繳房租，房東一氣之下只好將他們趕出門。

此後，吳柏凱開始在不同朋友家過夜，朋友不借住，他就睡公園，半夜被警察帶回警局，卻又聯絡不到父親將他帶回，警察只好讓他待到早上六點再離開：「後來，警察都認識我了，帶回去也不會多問，就清個地方讓我過夜。」

原本立志要考第一志願的吳柏凱因為各種生活動盪而成績一落千丈，學校沒伸出援手，反將他視為問題學生，要求他不要來學校。吳柏凱開始交各種朋友，有人帶他抽菸、混舞廳。他還不到十六歲，從小流浪、父母遺棄，外面的「哥哥」們講義氣、又照顧他，他第一次在外面的世界裡感到完整的歸屬感。

國二開始，吳柏凱成為中輟生，未成年的他就在「哥哥」們的掩護下出入搖頭夜店，有時還負責賣貨給舞廳裡的客人。「一張大圓桌，上面有K有搖頭丸還有一粒眠，隨便你吃。在那種場合，你不吃都很奇怪。」「我們會比賽誰吞最多不會倒，有時是比誰拉的K拉得比較多條，有時是比搖頭，我最多一次吃十顆搖頭丸。」

國中生就開始接觸毒品，吳柏凱並非特例。從警政署和教育部公布的數據看來，臺灣未成年的毒品犯（含吸食與販賣）從二〇一五年的最高峰（九千六百六十一人）之後，呈現緩慢下滑的趨勢，到了二〇二〇年只剩四千零七人。

這樣的數據並不能完整呈現真實狀況，這要從青少年毒品案的特色說起。

臺灣的青少年毒品通報，通常會匯集到三個部門。其一，是警政單位，通常是涉及嚴重的買賣或成癮問題，需走入司法程序，是青少年毒品問題最嚴重的一群。二〇一七年之後，人數開始下滑，有一大部分原因是這一年開始，警政單位成立「青春專案」，專門針對青少年毒品強力查緝，包括娛樂場所、校園小蜜蜂。

數據的減少不見得代表犯罪完全消失，藥頭小黑的經驗是：「以前在KTV、舞廳這種較公開的場所用藥的事，開始轉到更私人的場所，有錢的去汽車旅館，沒錢的約在自己家。」據他的「業務量」來看，二〇一七年之後的生意反而越來越旺。

青少年毒品通報的第二個管道是學校。當校方發現校園學生有毒品問題，校方會通報教育部，並提供輔導資源。這類的通報，大多是程度輕微，許多人只是一時好奇而接觸，不會進入司法流程，僅由學校輔導系統介入。

這部分從教育部公布的資料來看，數據呈現急遽減少。二〇一一年到二〇一五年間，校園通報數量（國小、國中、高中總和）大約一千五百位上下，二〇一六年達到高峰七千九百四十七位。之後，滑坡式減少，到二〇二〇年僅有四百五十六位。

然而吳柏凱從自身真實的經驗，和接觸過的案例，告訴我們：「你要搭配中輟生的比例來看，很多中輟生沒在學校，校方看不到，就當沒事了。真正有毒品風險的正是這群人。」甚至，校方為了讓中輟的數字好看，會要求這些已經「實質」中輟的學生，一週到校上課一次，因為規定連續一週沒上課才符合通報中輟的標準。「這些『準中輟生』是被校方求回來上課的，只要你回來上課，趴在桌上睡覺也沒關係，出了校園之外，你要幹嘛，學校也不會說一句話。」

至於第三個通報系統是來自社政單位，例如社工手上的高風險家庭有青少年用藥的狀況、或是醫院收到青少年用藥產生身體狀況時，都是通報社會局，由社政單位提供協助。二〇二一年開始，社政單位的「逆風少年」專案便是把所有的青少年問題整合，包含毒品、家暴、性侵等，以少年的家庭問題、生活處境做整體考量，投入資源輔導。

社政系統的通報看似最完整能處理青少年毒品問題，不過，社工資源有限，也不是所有的毒品少年最後都會嚴重到上醫院造成通報，因此有許多「黑數」仍普遍存在校園內外。

此外，青少年的毒品問題並不能只是純粹以毒品成癮的角度切入，它同時還是少年的家庭問題、校園生活各種面相的集結。例如，因為生活沒重心而接觸毒品的青少年，社政單位會委託民間ＮＧＯ團體，協助這些青少年培養就業專長。若是毒品來自家庭問題，則安排青少年安置機構。

張進益的少年之家從二〇〇七年開始安置發生各種生活問題的青少年，有街頭流浪的，也有是法院判決交付的。張進益說：「這些年，來機構的少年，表面上最多的是竊盜罪，但你再進一步去問，這裡的孩子，有八成以上都接觸過毒品，只是沒被捉到。」十多年來，這個比例幾乎沒有改變。

他進一步指出，從二〇一一年到二〇一六年之間，警政單位的青少年毒品看似緩慢增加：「可是臺灣每年少子化的狀況是很嚴重的，案件數不減反增，這一來一往，真實狀況可能比我們知道的還嚴重。」從事青少年領域超過十五年的社工許雅婷也有相似的看法。

許雅婷在十五年前，剛從大學畢業，到少輔院實習時：「那時候的孩子，會看不起吸毒的孩子，會說吸這種東西會變趴帶，沒路用。」她負責輔導的院生中，平均約莫十人只有三位有毒品經驗。二〇一五年左右，她再回到少觀所工作時，發現狀況大逆轉：「不管犯什麼罪進來的孩子，幾乎每個人都有程度不一接觸毒品的經驗。以前，他們看不起碰毒的人，現在他們會吹噓自己一次可以吃多少咖啡包，或是賣了多少藥，當成一種自我標榜。」

不論是K他命還是咖啡包，都不具海洛因、安非他命的高度成癮特質，因此少有嚴重成癮的青少年需進入戒癮機構。反而是在一些零星的醫療現場可以一窺青少年毒品濫用問題。

例如在二〇一〇年開始，林口長庚醫院神經外科陸續收到許多不明原因癱瘓的青少年，經後續追查才發現是使用笑氣。桃園是笑氣濫用的發源地，這些病患在地方小醫院無法得到正確診斷，最後只能送往地方大型教學醫院，像是林口長庚。

這也是青少年毒品問題的特色，因為使用的大多是新興毒品，這些毒品產生的傷害一開始的醫療現場並不是最清楚。一位藥頭是這樣勸誘他的客戶們：「年輕就是本錢，這時候不玩，要等什麼時候？」

未成年毒品問題並非現今才有的問題，少年之家的主任張進益也早在未成年就接觸了毒品，他嗑紅中、白板常嗑到斷片，問他嗑藥經驗最吸引他什麼？「嗑藥後，我常會做一些很奇怪的事，有時候騎機車卡在電線桿，朋友們都覺得我這樣很好笑。我變成一個有趣的人，大家都喜歡我。」

藥物是一扇門，邊緣少年通過藥物成為一個「嶄新」的人。吳柏凱也有相似的經驗：「我本來不敢跟女生說話，但用藥之後，我話很多，女生都覺得我很有趣，喜歡跟我互動。」他的一任女友甚至是嗑藥場合認識的。

成人用藥通常有強烈的功能導向，比如用安提神、解酒，海洛因代表身分地位。一位使用海洛因、安非他命多年的成癮者阿威說：「我也曾好奇用過咖啡包、笑氣，這些藥上來的感受很不明確，有時會讓人『齷齪（aK-tsaK）』，不懂這些少年仔用這些是什麼意思？」

吳柏凱用藥全在跳舞、唱歌的群聚場合，這些藥物的藥性剛好符合年輕人玩樂的需求。吳柏凱說，咖啡包上來時，感受很混亂，身體會很ㄍ一ㄥ，「這種感受搭配強烈的音樂和燈光，會很不一樣。最後，再用K或是笑氣一次放鬆身體。」這種在極緊繃的狀態下再放鬆，跟著音樂節拍失速下墜，像經歷一場極限運動。這種藥物快感也是獨屬於青春少年。

基於這樣的使用經驗，不少青少年都告訴張進益，這些藥只是調劑身心，就像唱歌跳舞要喝酒助興一樣，有時一攤下來甚至比酒錢還划算。「他們認為，只有安非他命、海洛因才是真的毒品。」張進益這麼說。

而當年像十六歲的吳柏凱這樣的青少年，進舞廳得透過各種關係走後門，當警察站崗越來越嚴，為了提供這些無法進入舞廳的年輕人，桃園市區及新北市三重、五股一帶的老舊大樓裡，被隔出一間間像KTV的小包廂，做為群聚玩「high」的場所。這是所謂「搖包」（搖頭包廂）的初始。

沒錢的年輕人去非法的隔間搖包，有錢的則到合法的KTV或汽車旅館。在這樣的包廂裡使用搖頭丸、聽嗨歌，有時還會叫傳播妹坐檯。之後，搖頭丸在市場消退，但「搖包」文化仍在，使用的毒品轉變成咖啡包為主流，像是在二〇一六年W Hotel女模命案，便是搖包文化下的一例。

吳柏凱當年過著醒來在搖包、睡覺到公園的流浪日子，數月之後，吳柏凱因為偷車被裁判安置到少年之家。

少年之家收容的孩子多和吳柏凱有類似遭遇。表面上他們是因偷竊等各種小罪來到這裡，實際上這些少年犯約八成都伴有毒品使用經驗。吳柏凱回想過去：「來到這裡，第一次有家的感覺，有人會關心你有沒有吃飯，還幫你一起規劃未來。」他開始在麵店打工，並考上高職。

與吳柏凱相似經歷的還有小揚，他今年還在念高中，對他們來說，藥物是一個通往回家的路。

小揚長得高瘦，講話聲音卻很小。小學三年級時，父親因病過世，後來，母親帶著他與新認識的男友同居。小學六年級，小揚中午接到母親的電話，電話中，媽媽說自己殺了同居人，要去自首了，交代小揚之後好好聽阿嬤的話，好好照顧自己。

小揚接完電話，衝擊太大，完全不知道應該要有什麼反應。他只是繼續上課，聽不進課堂上的一句話。放學回到阿嬤家，直到了晚上才躲在棉被裡，偷偷不敢哭出聲。

隔代教養的阿嬤不懂小揚的敏感感受，只會不斷叨念小揚的生活習慣、學校成績：「她希望我出人頭地，可以洗刷媽媽發生的這種事吧？阿嬤有種想靠我把人生贏回來的感覺。」失去母親的小揚，沒有得到療癒傷口的愛，反而得面臨斯巴達式的管教。上了國中後，他開始在朋友家過夜、蹺課、逃家。

有天，他在朋友家裡看到桌上的一盤K粉，眾人說，K拉到極致，會掉入K洞，那是一個奇花異草，可以忘記自己的世界。朋友們以追求K洞為樂，彷彿那是一個傳說中的仙境。

小揚跟著拉了一條，頭有些暈眩，心情十分放鬆，卻什麼也沒見著。他喜歡這種放鬆，沒有煩惱的感受。之後，陸陸續續拉了幾次K，逐次加重份量。某一次拉K後，他沒有看到奇花異草，卻見到死去的父親和入獄的母親。這一次，他放聲大哭，嚇壞了同場正high的朋友。

小揚經歷了這個奇異的經驗，反而覺得身心像是被洗滌了一遍，他反覆拉K，不斷加重用量，卻再也回不到與父母重聚的那一刻。不過，他比較幸運的是，高中會考，他上了不錯的學校，接觸不同的朋友，參加登山社，目前已遠離K的世界了。他意外在登山運動裡找到平靜的力量：「每次走在山路裡，聽風的聲音、鳥叫還有自己的心跳，心情很平靜，只要一直走一直走，那些不愉快的事就會自然不見了。」

這幾年，愛叨念他的阿嬤身體不行了，有時還有些認不得人，小揚才意識到，阿嬤是他身邊最親近的人，而這麼親近的人已經一點一滴忘記自己了：「阿嬤有時回過神來，會突然罵我怎沒去讀書，下一秒又忘了我是誰。現在連她罵我的一句話，都很珍貴。」這些罵人的支言片語，都成了小揚心靈的家了。

張進益說，青少年離開毒品有時是一件很小很小的事，「那件事是讓他覺得自己可以投入熱情的事，有時候是可以靠這件事建立自己的信心，最重要的是要找到生活裡的情感依靠，這對青少年很重要。」

失去家人情感陪伴的吳柏凱靠著半工半讀在學期間拿了各種國家證照，其中一張乙級證照還是全校唯一考上的學生。二〇〇七年，他獲頒總統教育獎。得知得獎的那一刻，他還在麵店裡打工，對面機車行老闆拿著晚報問他：「你是上面寫的那個吳柏凱嗎？」那天晚上，他回到家時，大哭了一場。人生終於有一件好事發生了。

也許是因為看了新聞報導，消失多年的父親，突然出現。吳柏凱很開心父親來看他，兩人一起吃飯、聊著近況，最後離去前，父親開口向他要錢。吳柏凱給了他三千元。

接著，每隔幾個月，父親就上安置機構要錢，「我在麵店工作是要賺自己的學費，他拿走了，我要怎麼辦？」他給不出錢，跟父親大吵，吵完，他知道父親再也不會來看他了，便坐在樓梯間痛哭。這是他到少年之家後，第二次流淚。要不到錢的父親果真再也沒出現，直至今日，他沒有任何關於父親的下落和消息。他有些感傷又強作淡然道：「我很想原諒他，但很難。」

此時桃園已不同於父親來此打工的時代，各地工業區開始進駐科技工廠，吳柏凱畢業時以優異成績進入宏達電子任工程師，不久後更跳槽到一家電腦硬體的美商公司。他在這個城市裡，終於不必重蹈父親舊路。他每天穿著無塵衣進生產線，工作時數長，雖然辛苦，但平均年收入有上百萬元，終於可以過著物質無慮、不必流浪公園的生活了。

不料，二〇一五年左右，電腦硬體市場不景氣，公司開始減薪、縮班，吳柏凱收入大不如前。在人生低潮他又發生車禍，把對方的車撞爛，要賠償百萬元。為了逃避這些現實壓力，他找上了昔日的朋友，開始拉K、混「搖包」。

即便青少年曾經離開毒品，但當未來人生遭遇挫折，毒品的快樂或是慰藉感的記憶會再重新被喚起。臺大公衛所研究數據亦指出，青少年成年後的毒品再犯率是一般人的三倍。

當吳柏凱因挫折再次使用藥物時，毒品環境也和以往大不相同了。根據統計，一九九九年至二〇〇一年間的查緝毒品量，以安非他命逾九成占最大宗、海洛因居次。二〇一九年前後，則有一粒眠、喵喵等藥物，近年來，則有咖啡包或笑氣等產品。

以藥物特性來看，青少年常用的三種毒品：K他命、笑氣、咖啡包，成癮性不若海洛因、安非他命高，戒除不難。但近年常傳出有猝死案例，吳柏凱解釋，很多新興藥物因「上來」的感受不明顯，年輕人為追求快感會一直追藥，容易過量。因此近年也常見吸食笑氣過量導致癱瘓、拉K量大到膀胱壞掉、精神異常的狀況。

剛滿二十歲的海哥寬垮的衣褲，像是隨時會來上幾句Rap的嘻哈少年，他髮色因多次混染，變得斑駁而帶點滄桑感。明明五官看起來稚氣，還是個孩子，卻是位開口閉口把「做生意」掛在嘴邊的「小大人」。

做生意的小大人在外走跳，少不了名片，上面寫著一組電話號碼，還有一組微信ID，下方用七彩的字型打印彩虹煙、咖啡、氣球。他國二就輟學，斷斷續續做著「小蜜蜂」的生意，這是指毒品產業鏈中，負責送藥的小藥頭。

海哥名片上的彩虹煙指的是K他命，捲成菸燃燒時，有漂亮的七彩顏色，「現在K太貴了，很少人用抽的，用拉的比較省。」海哥體貼向我解釋。氣球指的是笑氣，咖啡指的則是咖啡包。除了K他命這幾年價格走高，平常日子，一包咖啡包、一顆笑氣只要約莫八百上下，花不到二千元就能嗨整晚，因此成為青少年之間流行的派對「神物」。

這種以名片走跳毒品界並不是特例，海哥告訴我們，他的同業有的是印了卡通式的耶穌像在名片上，耶穌正抽著氣球，上面寫二十四小時服務和微信ＩＤ，背後還註明氣球的各種水果口味。

採訪時，海哥的手機不時傳來訊息震動聲，他解釋這個產業是這樣的：透過青少年之間的人際網絡，在舞廳、ＫＴＶ這類的場所，把「名片」灑出去。有需要的人便會自動上門，大膽一點的，還會收集顧客電話名單，以簡訊推廣「特價」活動。

像海哥手下還養著一群年輕人，他們守在一堆手機前，哪支手機響了，便搶著去接，照每單價格抽成，一人一日平均可賺三到五千元不等。

這種高風險行業，這樣的利潤，ＣＰ值似乎很低。海哥嘖了一聲：「我們有大哥罩，警察那邊有人，沒那麼容易被捉啦。」說是風險低，但海哥其實陸陸續續在法院、安置機構出入多次。

桃園少年之家主任張進益直白點破：「很多青少年只是吹牛，只有極少數是真的跟黑幫有關，黑幫反而很怕把貨交給這種年紀的小孩賣，他們是很無法預測的一群。」包括，像是印名片賣藥這種行為，看在張進益這個從國中就吸毒、成年混幫派的資深毒蟲的眼裡，簡直不可思議。

不只印名片，毒品買賣、叫貨大多在微信上完成。在二〇一六年做了三年咖啡包調配生意的K分析：「我們以前會用Line，但後來警方跟Line的公司達成協議，可以調閱他們的通訊紀錄，我們後來就不太用了。」為了安全，他們大多以中國的微信聯絡，因為是中國的企業，臺灣警方無法取得相關資料。

「最安全的還是蘋果手機的視訊通話，我在做的時候，都要求對方開視訊，一方面確認對方的環境，一方面是蘋果手機很安全。」即便是手機聯絡，用的也是「王八機」，便利商店買來的，沒有登記名稱的易付卡。「手機每二、三個月就要換，手機硬體本身用太久的話，也會被追蹤。」

外表像一般上班族的K，回答提問時，都會停頓幾秒後，再小心翼翼回答。他大學念的是行銷，夢想是開家自己的公司，做點小生意。他一路上做過各種工作，從手機行、手搖飲店員，都是低薪工作存不了錢。他從中學開始，偶而也像海哥一樣做小蜜蜂賺點零用錢。後來，求職不順，加上發現「上游」才是高利潤。他大膽決定，找了三位朋友一起「創業」，專做咖啡包調配。

「原料生產那段，需要專業器材，而且有臭味，不好做，我們是叫原料來，自己調配，裡面什麼都有啦，K他命、安、卡西酮、安眠藥、普拿疼……。」他通常不會透過青少年賣藥，這也是基於風險問題：「我自己也年輕過，知道這些小孩為了讓自己看起來很行，會做一些誇張的事，但賣藥這種事，是不能太高調。」

他就曾遇過，有校園學生跟他拿了藥，自稱是藥頭，四處轉賣，還高調拉了微信和Line的群組賣藥：「你知道他群組拉多少人？三百多人，我都嚇死了。」K說，大約在十年前，毒品進入校園，大多是校外年輕的幫派分子結識校園的學生，靠這種人際網路進入：「就是一種校園直銷啊，外面的大哥哥也不是真的多大尾，手上的貨也不是真的很多，只是學生再轉賣給自己的下線，賺點零用錢。」

這種小量、多層次轉賣，無疑增加許多風險，加上警方查緝頻繁。當K二〇一六年進入這個產業時，生態已然不同：「我們並沒有特別要賣給學生，他們是能買多少？」他和三個「創業夥伴」除了日常叫貨、調配「產品」之外，還花很多時間「跑現場」。

在此之前，僅卡西酮列為二級毒品，但卡西酮有各種衍生物，例如甲基卡西酮、亞甲基卡西酮等，同樣具有成癮性和致死性，並沒有受到管制。二〇一〇年後，才將這些物質列管。

卡西酮具有中樞神經興奮的效果，它原是一種天然植物裡的生物鹼，來自於一種灌木名為「巧茶」（Khat，學名Catha edulis），原產於東非，流行於熱帶非洲、阿拉伯半島，甚至東南亞、中國的廣西、海南島都有人種植。巧茶在各地有不同的名稱，有人稱之為卡塔葉、東非罌粟等。

非洲人或阿拉伯人常嚼巧茶的葉子做為提神之用，例如索馬利亞海盜著名的型象之一便是口嚼卡塔葉，不僅做為提神用，還代表身分地位，因為只有富人才消費得起。在部分阿拉伯世界國家，卡塔葉甚至被當成招待貴賓的社交工具。

隨著科技發達，科學家在實驗室裡合成高純度的卡西酮，並發現在合成的過程中，產生不同的衍生物，一樣具有迷幻效果。合成卡西酮很早就出現，卻在二〇一〇年前後，開始在國際間大流行，國外的青少年常以「香料」（SPICE）和「浴鹽」（bath salt）稱之。不少人使用時，心神喪失，甚至跳樓死亡。

臺灣的刑事局緝毒中心將「咖啡包」稱之為臺灣特色的「毒品」，因為內容物不僅是卡西酮及其衍生物，還摻雜了各種毒品，常見的有K他命、安非他命、一粒眠等。有刑警便開玩笑道：「這很符合臺灣人講求CP值的個性，一小包什麼都有了。」

卡西酮的盛行還有個歷史背景：二〇一〇年左右，國際市場因製造安非他命的原料麻黃素被大量取締，造成原料短缺。卡西酮及其衍生物在分子結構上與安非他命類似，一樣也具有興奮的效果。和麻黃素相比，卡西酮可在實驗室裡大量合成，方便又便宜，管制又比麻黃素更寬鬆，結果便是在幾年之間造成國際大流行。

卡西酮到了臺灣變成咖啡包，咖啡包的「調配商」K則告訴我們：「藥如果一直只有high感，你用起來，身體會累，也會感到無聊。加入一些別的成分，K他命會讓你有迷幻感，一粒眠會讓你放鬆，不同成分會在不同時間發揮藥效，讓整趟『旅程』充滿不同的樂趣。」每家「廠商」出產的咖啡包，成分不盡相同，有些甚至卡西酮的含量極低，K也不諱言：「說配方好像很神祕，有時候只是現在原料缺貨，看哪種原料便宜就加多一點。」

也因為各種毒品有複雜的交互作用，再加上每包咖啡包的成分又不一樣，很容易發生危險。K則補充：「有些咖啡包一開始沒有感覺，但藥效晚點會上來，很多吃的人不曉得，以為沒藥效，就一直追藥，最後好幾包的藥效一起上來，就容易致死。」K分析咖啡包在臺灣的流行原因：「吃一包剛好high一個晚上，攜帶方便，泡著喝又不會引人注目，這是一個符合消費者習慣的好商品啦。」

「像是汽車旅館、KTV這類的地方，很多『搖包』，一次叫的量很大，跑一次就拿好幾萬。」搖包文化大多是年輕人，免不了遇到校園中輟生或是未成年學生，有些甚至就是「陪嗨」的傳播妹。「像以前的多層次傳銷也不是沒有了，只是比較少了。」K這麼說。就連咖啡包也開始長得不一樣了，當我秀出新聞照片時，K嘖了一聲：「現在沒有這種小惡魔包裝了，大家一看就知道是毒，而且又設計得很醜。」包裝仍是青少年毒品重要的一環，「現在的包裝都做得很高級，像是日本藥妝店賣的膠原蛋白，小小一袋，你不會想到是毒品。」

新興藥物一再推陳出新，重混搖包、拉K的吳柏凱最終仍被警察查獲。礙於羞愧，他更不敢與過去朋友聯絡，也和待他如再生父母的張進益斷了音訊。直到有天他用到精神異常，懷疑有人要槍殺他，躲在家裡，足足一週不出門，女友不斷陪伴支持他，他才醒悟到：「我怎麼把自己搞成這樣？這和當年遺棄我的父親有什麼不同？」他慢慢從藥物黑洞裡走出來，與銀行處理債務整合，現在已是一位從事青少年服務工作的講師。

張進益分析，青少年不服權威，戒治上需要一個與他有情感連結、可信服的人這是難處之一。

狂暴的青春期裡，不是一個能以道理說得通的世界，情感建立亦不容易。這也是青少年戒治毒品的難處。艾德是一位私立中學的高中生，學校成績一般，但脾氣暴躁，動輒與人衝突。他告訴我：「學校生活很無聊，老師很無聊，同學很無聊。」他頂撞父母，看不起學校老師，情緒暴起暴落，只有拉K時，他方能片刻平靜。

他從小聰明，但總是坐不住，小學時，老師一度建議他去看兒童精神科，媽媽認為，艾德的父親也一樣性急，這點小事長大自然就好了。長輩們都認為，他只是一個脾氣比較不好的孩子而已。

社工許雅婷這年在少觀所接觸到的吸毒少年，八成的人都正在或曾經服用精神科藥物，他們大多有失眠、憂鬱或焦慮等症狀。她說：「國外有研究，青少年犯罪中，有不少比例是有程度不一的焦躁、憂鬱的傾向。」

不過，許雅婷解釋這並不能推論少觀所的少年們都有精神狀況，他們可能是因為毒品造成的失眠、焦躁症狀，而需要精神科藥物控制；其中，當然也有本身就有精神症狀，但究竟是生存環境導致他們的病症，還是本身即有疾病，導致社會適應不良，因而犯罪，其中的因果關係還要進一步探究。

張進益收容的少年犯，也遇過有程度不一的精神症狀，他還記得，有位妥瑞症的少年來到中心，他交代少年負責廚房切菜的工作，少年接到任務後，竟然哭了，他告訴張進益：「這是我第一次握到刀子，所有人都怕妥瑞症拿刀會殺人，其實我只是控制不住，會罵髒話而已。」

例如，桃園少年輔育院曾經發生賈姓院生被不當管教致死，這位賈姓少年即是有過動的傾向，每到就寢時間便無法安靜，四處吵鬧。院方只好以高壓方式管教，最終導致悲劇。

這些困在被誤解的青春裡的人數究竟有多少，目前尚無法估算。但奇美醫院精神科、專長領域是過動症（ADHD）的醫師黃隆正引述美國的統計數字，有百分之五十二的過動症兒童，在日後有酒精、藥物濫用的狀況。依人口估算，臺灣約有百分之七點五到百分之九的過動症比例，但只有不到百分之二十的人在青春期之前就接受治療。至此看來，青少年藥物濫用的行為背後，不只是青少年的家庭、學校問題的結合，同時也有可能是青少年精神健康問題長期沒有妥善處理，當他們進入青春期、面對生活變動時，以物質濫用的型式一次迸發出來。

重回童年暫居的站前舊旅社，吳柏凱自語：「以前睡覺都會被火車聲吵醒，現在好久沒聽到了……。」人生的苦難猶如迫近震耳的火車，一個人長大的他終於等到火車離去的一天。他一點一滴重建屬於自己的情感支援網絡，照顧一群與自己有一樣經歷的孩子，偶有感到孤單無助的時刻，但他十分自傲，能好好活下來，是何等幸運之事。

第十章　哈們

二〇二三年八月倡議大麻合法化運動的李菁琪律師到臺北地方法院，控告「馬誼郎」違法《毒品管制條例》第七條第二項。被告馬誼郎的住址在臺北市民權東路六段一處大樓，這裡是電動車「特斯拉」的「新創能基地」，而馬誼郎正是該公司的CEO伊隆．馬斯克（Elon MusK）的中文名。

臺灣的「大麻律師」控告跨國企業總裁，是怎麼回事？

這要從法務部八月九日發現的一份聲明說起。一向對大麻合法化運動不表態的法務部，罕見在這份聲明裡擴大解釋「第七條第二項」的規定，凡是在網路或是「境外」宣傳「大麻無害論」而引誘他人犯罪，不論是境內還是境外將被視為引誘他人施用二級毒品論罪。

這份聲明的另一個背景則是泰國自疫情後開放大麻，曼谷街頭隨意便能合法取得，許多臺灣觀光客到該地消費之外，也開始有零星的個案夾帶各種大麻產品回臺。一位在曼谷經營大麻生意的臺灣人也向我們證實，在當地（包括臺灣遊客）很多觀光客對大麻沒有充分的認識，冒然使用後，產生精神狀況被送到急診的例子也開始增多。

在美國社會這端，剛買下推特（Twitter，後改名為X）的馬斯克上任後，便放寬X對大麻廣告的投放規定。此外，馬斯克多次在「境外」接受網路採訪時，公然在直播現場就抽起大麻。李菁琪的提告正是想突顯法務部聲明的荒謬。

事實上，臺灣政府對大麻的態度並不是一直處於極端保守的立場。在二〇二〇年五月，公共政策網路參與平臺有超過五千人網路附議連署「醫用大麻合法化」，最終衛福部必須公開回應這個主張。衛福部召開專家會議後決定，將由專案申請的方式讓含有大麻成分的藥物進口，並有限部開放臺灣人在網路上購買部分含有大麻成分的藥療用品。

二〇二〇年的衛福部決策普遍被認為是臺灣第一次對大麻採訪取部分解禁的進步做法。時隔三年，政策卻往保守一端擺盪。

從美國到泰國再到臺灣，三個國家對大麻態度各有不同，因而產生各種不同的混亂，而這種混亂又是彼此互相影響：美國帶頭開放，影響泰國跟進，同時也讓臺灣有限度開放醫用大麻；當泰國混亂的開放狀態，則又讓臺灣政府心生警戒，進而限縮開放程度。

當政府端亂成一團之際，臺灣社會對大麻的需求也開始「遍地開花」。

透過telegram，我們聯繫到了小鐵。他是朋友們「貨物」的源頭。不過，他澄清自己只是種「好玩」與「自用」，偶而有剩餘的才會轉送朋友，並酌收一點運費。他們口中的貨物，指的是大麻。

追問小鐵是如何習得這些種植技術？他大方傳來幾個網頁：「網路很多，從育種到開花，每個步驟都有手把手教學。」他發現最適合臺灣育種的地方是室內的木衣櫃：「溫度濕度都剛好。」而開花時則是最危險的時刻：「大麻花味道很濃，現在波波（警察）很聰明，一般人聞不出來，但專門緝毒的警察一聞就知道。」

他不願透露自己所在地點，只說，臺灣像他這樣的「自耕農」全臺各縣市應該都有，從品種到種植技術，只要稍懂英文，網路上幾乎沒有找不到的知識。二〇一八年，我們採訪了一位即將入獄的「自耕農」林書聿，他因為在國外念書，接觸了大麻文化。回臺後，因大麻價格昂貴，於是決定自己栽種。他的種子與種植技術也全都來自網路。

早在二〇〇〇年，就已經有中文網站販賣大麻種子，並號稱「安全運送」、「包裝密合」，網站上細細列出各種子的品種與種植方式。「玩大麻的人一直都有，但很難捉。」一位臺北市專查緝大麻及新興毒品的警官這樣說。他解釋，相較於安非他命、海洛因的使用者，大麻的消費群大多是打扮體面的中產及知識分子，跟一般的「罪犯」形象很不一樣，警方很難靠外觀辨識出這個族群。

再者，大麻的產銷鏈較短，該警官分析：「很多硬性毒品跟黑道掛得深，會一層一層分銷出去，所以捉到一個人，往上追，很容易就追到一整串的產銷鍊。大麻追來追去，一個藥頭大概只有二三個藥咖，往上追就沒了。」以現行警方的查緝獎勵制度，鼓勵警察養線，追查更大的販毒網絡，相形之下，大麻的查緝「CP值」不高。

根據歷年臺灣查獲的毒品數量（重量）來看，大麻長期占比不到百分之二，近五年開始微幅上揚，但占比也也不過是百分之二到百分之七。一個更實際的關鍵可能在於，大麻的消費仰賴境外網站甚至是「暗網」的交易，查緝上難度，犯罪黑數可能很高。

不過，隨著越趨嚴格管控的虛擬幣交易，再加上二〇一九年底以來疫情下的邊境封鎖，大麻的跨國流通越來越難，也造成臺灣的「自耕農」數量一路攀升。過去一克一千元的價格，二〇二二年已經逼近二千元，堪比黃金還貴。

不同於臺灣其他的非法成癮物質大多與幫派掛連很深，大麻在臺灣幾乎是一個生於「網路」世界的議題。不只年輕人在網路上買，二〇二〇年五月，公共政策網路參與平臺有超過五千人網路附議連署「醫用大麻合法化」，最終衛福部必須公開回應這個主張。

參與連署的也有像葉爸爸這樣的中年人，「這是我們現在唯一能做的事吧？」知道連署，我就四處請親戚朋友上網⋯⋯。」他語氣帶有一些無奈。

訪談時，葉爸爸不時注意桌上的手機，因為五歲的兒子偉偉在學習發展中心上課，隨時都會癲癇發作：「我以前是不帶手機的，現在手機不離身。」人生的改變不只手機，為了照顧孩子，他甚至把全職工作改為兼職，還打算將來兒子入學了，他要修習相關課程，擔任兒子的教學助理，我稱讚他如此愛孩子，他卻說：「不是的，是他愛我比較多。」

那些我們習以為常的生活變化，對於像偉偉這樣的罕見疾病卓飛症（Dravet syndrome）患者來說，都是不可承受之重。他一歲前就發病，對環境特別敏感，一點細微變化就會引起不自主的全身痙攣、抽搐，如果撞到其它物體，可能造成嚴重傷害。好比，偉偉晚上搭車上高速路，車窗外的路燈因車速而產生的移動視覺效果、搭手扶梯，階梯透出來的光都會引起腦部不正常放電而全身痙攣。有的患者則是家裡有客人，太高興，抽筋；體溫超過三十八度，抽筋；玩得太累，抽筋。

偉偉每日小發作大約五十次，一個月大發作四次。遇上流感季節，一個月有超過十天的時間要住院。家住臺北的葉家，「小孩三歲半之前，我們不敢帶小孩跨過濁水溪以南，怕發作，臨時找不到醫生。」

卓飛症協會祕書長徐婉馨的女兒歡歡已經十三歲了，因為太常發作，教室的桌椅還特別定製，包裹泡棉，以防她發作時撞傷。徐婉馨形容這種痙攣的可怕：「我不怕她抽

（筋），小發作幾分鐘會停下來的都還好，最怕是一個小時以上的大抽，腦部會錯亂，醒過來會突然什麼都看不到。」

這個病的難處在於起因於基因異常，終生無法痊癒，又因是幼兒也無法動腦部手術減緩症狀，偏偏連治療藥物也不多，面對日復一日痙攣發作，家長們束手無策，只能各自發展一套SOP，隨時快速打包，準備帶小孩進急診。全臺目前已確診出的人數約四十人。目前，臺灣最常用的藥是法國藥廠的Diacomit，一個月藥費三到四萬，但會造成流口水、四肢無力、走路搖晃等的副作用。全臺灣估計約有六百到一千名患者。

二〇一三年，CNN的擁有神經外科醫師背景的醫藥記者古普塔（Sanjay Gupta）採訪了一位卓飛重症女童夏洛特（Charlotte），夏洛特的父母讓她用了大麻萃取油，夏洛特從一週發作三百次，減輕為一次，原本需用鼻胃管餵食，也因為沒有其他癲癇藥物的副作用和頻繁的痙攣，而可以自己進食並下床走動。[29]

夏洛特的故事對患者家屬來說，是漫漫長夜裡的一盞明燈。本身也在醫藥界工作的葉爸爸一直關注這個消息。二〇一八年，美國藥物食品管理局（FDA）通過一款由GW藥廠出產的大麻萃取藥物Epidiolex，專用於卓飛症和葛雷士氏症的小兒癲癇（二〇二〇年二月FDA通過此款藥也適用多結節硬化症引發的癲癇）。葉爸得知消息後，馬上向臺灣衛福部食藥署提出進口申請。

葉爸爸說：「我兒子一輩子不能晒太陽（體溫過高會發作），我不會企望用了這款藥病就好了，就能晒太陽，只希望一個月能減少一次大發作，只要一次，我就很滿意。」

但二週後，葉爸爸的申請被食藥署退件，而退件的理由一般認為是該藥含有百分之零點一的THC，這是「四氫大麻酚」的縮寫，它是一種由大麻提煉出的化學物質，是大麻中會使人成癮、產生幻覺的成分。

葉爸爸沒有氣餒，接著參加連署要求政府開放藥用大麻。連署很快達標，二〇二〇年五月七日，衛福部針對這項網路倡議回應，這款治療小兒癲癇的大麻萃取物將可透過教學醫院專案申請。

幽暗無光的疾病之路，終於有光了嗎？葉爸爸說：「高興就只有一下而已。」他攤開一張紙，上面記載各種藥物名稱和價格，其中這款被媒體吹捧的「神藥」，二十五天的藥價高達十萬元：「像我們這種家庭，為了照顧小孩，通常其中一人要犧牲工作，這種價格，真的負擔不起，雖然開放了，要真的付得起這個價格的人也很少。」

29　Charlotte因感染COVID於二〇二〇年離世。

臺灣一般醫療用藥需要經過衛福部核準，擁有藥證後，若是國外的原廠藥則由臺灣臺代理商進口，若是健保給付藥品，健保署會訂出購買價格。通常由國家出面，大多能談到較好的價格。不過，Epidiolex並非健保給付藥品，臺灣也無代理商，只能透過醫院以個案的方式向衛福部提出申請，醫院經手需再收取費用，於是本來就不便宜的「神藥」就更貴了。

通過至今，僅有童綜合醫院提出申請的零星個案，葉爸爸轉述這些申請的家長心情：「他們大多是抱持著姑且一試的心態，但也不是對所有的孩子都有效，有家長試一半發現沒什麼效，還問我要不要接手把剩的油拿去用用看？」大麻神藥的討論在家長群組裡，慢慢淡去。

二〇二三年，這群罕病家屬已經無人申請Epidiolex，家屬們也不再做大麻的各種倡議。通過FDA認證的藥品因涉及大規模的實驗和研發成本，因此價格昂貴。對葉爸爸這些家長來說，最實際的幫助可能還是希望政府能開放其他和Epidiolex類似，也含有低劑量THC的大麻萃取油，像是CNN報導中，女童夏洛特使用的大麻油，並沒有FDA認證，價格便宜許多，他說：「但我知道不可能，不可能啦。」

為什麼不可能？這要從大麻的歷史說起。

大麻是一項古老的作物，隨著墨西哥移民大麻也進入美國。初始，大麻尚不是禁品，十九世紀還一度被當成止孕吐劑和治療精神疾病。一九三〇年代開始管制大麻，並在一九七一年尼克森總統主導的毒品戰爭裡，將大麻列為一級毒品（與海洛因、古柯鹼同級）。

成大心理系教授胡書榕解釋：「當年沒有什麼科學證據就決定將大麻視作毒品而禁用……現在美國歷史學界普遍認為，當年政府和媒體反大麻是假，反移民才是真的。」包括當時的聯邦官員，多次公開提到大麻危害美國社會，並明指這些危害都來自南美和加勒比海移民的「自甘墮落」，政府並以此做為逮捕移民的理由。在禁令之下，科學研究也因材料難取得，而發展受阻。

例如，以色列科學家麥查蘭（Raphael Mechoulam）是研究大麻的先驅，曾經在美國申請研究大麻遭拒，最後只能回到以色列重啟研究。一九六三年，他由該國警方得到的五公斤大麻中，成功分離出二項主要成分：大麻二酚（CBD）與四氫大麻酚（THC）。[30]

30 江志明、胡書榕、陳亮妤等人合著（2018）〈封面故事：大麻〉，《科學月刊》五八五期；達妮・戈登（2022）《大麻CBD聖經》，大是文化。

ＴＨＣ具「精神活性」，會改變人的時空感和對周圍事物的感知，具致幻效果，即所謂會使人「high」的成分。ＣＢＤ只有放鬆效果，不會致幻，則是目前大麻的中最具有醫療潛力的成分。不過，通常ＣＢＤ加上低劑量（小於百分之零點三）的ＴＨＣ會產生「共伴效果」，會比單純的ＣＢＤ有更顯著的療效。

葉爸爸希望政府開放含有ＴＨＣ成分的大麻油，這個成分觸碰了政府和公眾對「毒品」的警戒紅線。

目前，臺灣對ＴＨＣ的含量規定是10ppm（十萬分之一），但這個標準值卻飽受批評，綠黨秘書長、專門接各種大麻案件的律師李菁琪指出：「臺灣沒有儀器驗得出10ppm這個數值，10ppm就是等於要零檢出。」不過，根據衛福部的解釋，中藥藥材「火麻仁」是漢麻種子便是依據這樣的檢驗數據，其他大麻產品只是延用一樣的標準而已。

依美國市面上的ＣＢＤ油規範，ＴＨＣ規定是低於百分之零點三。一支大麻菸含百分之十，品質佳的可達百分之二十八，百分之零點三的ＴＨＣ會有什麼致幻效果嗎？綠黨創黨大老、同時也是臺灣最早主張大麻合法化的先行者洪裕成說：「你可能要喝好幾罐油才有辦法達到一枝大麻煙的high感，一罐油要三千多元，要拿藥用大麻油來娛樂用，很不切實際。」

大麻到底有多「可怕」？知名的自然科期刊《Scientific Reports》二〇一五年曾刊出一篇研究，顯示酒精致命程度是大麻的數百倍。

即便大麻成癮性、致命性不高，犯罪學仍常將大麻視為「入門毒品」。[31]

胡書榕解釋，和大麻的使用比起來，什麼年紀使用這些成癮物質，才是有比較大的影響。例如，青少年時使用酒精，日後有較大的風險成為酒精濫用，而青少年時期就重度使用大麻的確是有精神失調症的風險，但這些結論僅限於青少年，成人之後才使用大麻則沒有顯著差異。洪裕成則說：「我們從沒主張青少年可以用大麻，但政府不能因為未成年使用大麻有害，而連帶也禁止成人使用。」

回顧目前藥用大麻合法的國家，第一個開放的是荷蘭，而烏拉圭和加拿大則是同時開放藥用、娛樂用大麻。美國則是有四十個州及華盛頓特區藥用大麻合法，其中有三十一個州及華盛頓特區同時開放娛樂大麻。

31　有一項研究是：大麻使用者中，日後使用其他例如海洛因、嗎啡等鴉片類「硬蕊毒品」的人數，是一般不使用大麻的人的九倍。胡書榕反對這樣的說法，她直接找出了這個「九倍」的研究數據：大麻的使用者有百分之四點五日後會成為鴉片類毒品的使用者；一般人則有百分之零點五會有鴉片類濫用。「數據看起來是九倍，可是大麻使用者有百分之九十五點五日後並沒有鴉片濫用，『入門毒品』的說法在科學上是不成立的。」

即便許多州已開放大麻，但中央層級的聯邦法仍認定大麻是一級毒品。也就是說，即便是合法州使用大麻，聯邦單位仍是有權依法起訴，因此所有大麻商品保險都不給付，購買也不能使用信用卡。

中央與地方不同調也反映到對「藥」的認定問題。「藥」須經聯邦ＦＤＡ核准，在眾多大麻萃取商品中，目前常見的僅有用於卓飛症和葛雷氏症的Epidiolex。至於其他的大麻萃取油、膠囊、錠劑等，都只能算是保健品。（ＦＤＡ也核可人工合成的大麻素Nabilone和大麻萃取成分製成的Nabixomols，但這二者都不常用。）

中央聯邦不將大麻產品視作為「藥」，但州政府卻特許數家大麻藥商，其生產的大麻相關產品經州政府認證後，可用在特定的病症。每州的規定不盡相同，林筱莉（Lizzie Lin）所在的紐約州只開放特定醫生開立大麻處方簽，病患取得處方簽之後，再到大麻診所由藥劑師搭配適合的大麻產品。在加州，是開放直接抽大麻花當藥用。所有大麻萃取物並不是藥，而是：介於藥與保健品之間的商品。

隨著大麻醫療效果有初步的研究結果，臺灣也在二〇一七年開放醫生開立ＣＢＤ成分的藥品處方，並可申請個案進口。許姊是臺灣這波開放後的第一個合法申請使用的受益者。她看起來氣色極好，動作俐落，絲毫看不出已六十八歲，更看不出她是個巴金森症患者，為了取信我們，她還特別拿出醫師診斷證明。原本點頭如搗蒜、上半肢抖動、右嘴角流口水、緊張時口吃及偶爾摔跤的症狀，在服用ＣＢＤ半年後，竟不再復見。

見證大麻的療效後，她陸續協助許多跟她相似的病患申請ＣＢＤ藥品進口。大多數的醫生對這類藥品仍陌生，患者最大的問題便是要找什麼醫生開？「我算是很幸運，有遇到認識的醫生願意開藥。」

此外，ＦＤＡ不准大麻萃取物宣稱療效，臺灣個案申請進口時，卻又要以藥品規格附成分說明和劑量使用，甚至還要藥廠的經營執照影本。許姊也找到願意配合的藥廠提供這些證件。

這個開放的政策到了疫情後，因不名的原因，政策大轉彎，病患申請大多被拒。一位專門開立大麻相關藥單的醫師甚至向我們表明：「這陣子我經手的個案，已經完全申請不到進口了。」

藥用大麻的這道門，原本開了一個小縫隙，但現在幾乎已完全關上。不過，民間仍有變通方法。

有業者聞嗅到商機，開始針對臺灣使用者做調整，在美國經營的網路商場上，所有的ＣＢＤ油都配合臺灣要求不含ＴＨＣ（美國的ＣＢＤ油大多含ＴＨＣ），並且願意配合提供各種臺灣申請時需要的文件。而由於大麻的討論日漸開放，現在臺灣的患者大多手上都有幾個願意開立大麻相關處方的醫生名單。

藥用大麻的倡議者大多肯定二〇二〇年五月初衛福部的聲明：不再把大麻視為一種有害的物質，算是踏出第一步。只是回到規範問題，藥物有藥物的管理辦法，食品有食品的管理，現在衛福部是把所有CBD都當成藥物管，仍有矛盾之處。[32]

臺灣看似把所有的CBD油當藥品列管，要求個案申請進口，但事實上，臺灣的患者大多自行上網購買。打開蝦皮和境外網站都可以隨意買到這類萃取油，產品價差極大，從數百元到上萬元不等。若依非管制藥品規定，CBD是非管制藥品，照理可以境外攜入，一次十二瓶，但禁止轉賣。

律師李菁琪曾詢問食藥署能否攜帶入境，卻得到：「最好不要帶。」這樣的回覆。實務上，有人根本不清楚網路買的CBD油到底有含多少THC，誤買了含有THC的油，因而被起訴。家有卓飛兒的葉爸爸也聽聞幾個風評不錯的CBD油廠牌，雖然已開放「網購」，但他還是不敢冒險：「這是一個灰色地帶，海關真的要查你，要你跑幾趟法院，卓飛的家長照顧小孩幾乎是二十小時，光跑法院這個風險，我就無法承擔了，更不用說會不會違法被關的問題了。」

這種境外購買還有另一個風險是：根本無法確認自己買到的是什麼油。ＦＤＡ二〇二〇年曾針對美國市面上的ＣＢＤ油做抽查，發現七成的產品ＣＢＤ的濃度標示不實，甚至有的產品被驗出ＣＢＤ含量是零。一位臺灣ＣＢＤ油使用者就說：「貴的油不見得好，但很多網站常見的萃取油，ＣＢＤ含量很低，根本是給寵物用的。」

洪裕成形容臺灣的大麻開放模式，就是一種「權術統治」：「看起來開放，但讓你用不到；看起來法律有規範，但執法又選擇性，想捉你再捉，人民無所適從，乾脆避開這個藥物。」

在臺灣本土對藥用大麻討論最多的是不明癲癇、巴金森症、多發性硬化症、肌痛症等病患社群，因為是無藥可治的病，他們幾乎無選擇地把希望寄託在這款「新藥」上。大麻的戲劇性翻身，真的是「神藥」嗎？

即便是有女童夏洛特的傳奇故事加持、ＦＤＡ唯一核可用來治來小兒癲癇的Epidiolex可

32 洪裕成舉了感冒糖漿的例子：「友露安裡面有千分之一的可待因（codeine，一種鴉片類成分），你卻可以隨便在屈臣氏買到，大麻有比鴉片可怕嗎？為何可待因可以千分之一，而大麻ＴＨＣ卻要萬分之一？更何況是沒有危險性的ＣＢＤ還要用專案進口。」綠黨主張，ＣＢＤ的含量高於一個濃度就是藥物，低於某個濃度就可以視為一般保健食品：「就像人蔘濃度不高，可以做成人蔘飲，便利商店就可以買，但高於一個濃度就被視作是中藥，以藥品法規管制。」

能也不如想像中的神效。

高雄長庚腦功能暨癲癇科主任蔡孟翰，臺灣有多數的卓飛症患者的基因定序都是在他手上完成，他支持開放Epidiolex：「這款藥做過四個臨床實驗，這個藥的效果是無庸置疑。」然而，以科學的標準，只要能改善百分之二十到百分之四十症狀就符合臨床上的有效，「放在其他的癲癇用藥裡，Epidiolex只是治療的手段之一，療效並沒有特別突出，它只適用在極少數的小兒癲癇例子。」

即便是卓飛症患者也不見得每個病患都對這個藥物有反應，不過：「我還是贊成卓飛症使用，因為這群患者能用的藥太少了。只是這個藥真的太貴了，通常是患者對大部分的藥都沒有好的反應後，我才會建議他使用。」他也警告，非卓飛和葛雷氏症的癲癇者，有的人用了CBD反而會病情惡化，「不是FDA認定的疾病種類服用的話都有未知的風險。」

他進一步指出，娛樂用大麻看似無害，那是因為偶而一抽，「藥用大麻是天天使用，像卓飛症這麼小的小孩，劑量的控制都要很小心，因為有肝毒性，還要規則抽血監測肝功能。藥用的風險有時反而是比娛樂用還高。」

此外，也不是所有的大麻成分藥品都具神效，他解釋，FDA通過另二款用於化療副作用和多發性硬化症的大麻產品，在臨床上並不常用：「因為有其他替代的藥物，而這二款療效也不是特別突出。」

蔡孟翰認為，Epidiolex尚且如此，其他沒有經過ＦＤＡ核可、經臨床證明的大麻萃取油宣稱各種病症的療效都很可疑。

藥用大麻還隱含更激進的政治主張。綠黨不諱言：「藥用大麻合法化是對大麻去汙名化，才有機會推動大麻全面合法化的可能。」大麻的全面合法是各國綠黨追求的目標之一。二〇二〇年立委選舉選後，綠黨內部研究發現，這是臺灣綠黨有史以來最受注意的政見，並獲得大部分年輕選民的支持，「這個政見對選舉是正面的效果。」

每逢四月二十日這個世界大麻日附近的日子，倡議組織綠色浪潮已經連續開辦四年的大麻遊行。二〇二二年四月十六日這天，大麻遊行終於有一天是「參與民眾比警察多」了。臺上表演的饒舌歌手「陳老師」對著臺下喊：「你們講什麼醫療合法化？你看看你們，哪一個像生病的人？還不是就想著要嗨？」臺下爆出一陣歡呼。

事實上，臺灣的確有呼麻的「小社群」，背景大多是中產階級、文化圈，這幾年開始擴及年輕學生族群。一位樂團成員向我們透露，很多音樂創作者進行創作時，必要呼上幾口，已是音樂圈裡不說破的祕密。另一位吸食者則告訴我，他們有一個網路群組，固定時間會包下山間的露營區，一群人露天呼麻、聽音樂，「呼麻之後，聽到的音樂、感受都不一樣。」

我在這位吸食者的臉書上，看到許多戶外露營的照片，外觀看起來與一般露營並無不同。他說：「通常我們平均分攤下來，一個晚上的花費比夜店便宜，還能接觸大自然，誰說吸毒者就一定不健康？」他們普遍認為大麻危險性不高，但還是有一套遵循的守則：不碰化學物質、呼麻後不要做任何危險動作、嘔吐時要小心不要噎到，甚至還備有專門的除臭器具可以去除大麻的強烈異味。

這種包場、靠人際網絡才能進入的社群在臺灣仍屬少數。

雖然大麻有一群「啟靈藥」的信仰者，他們堅持自己是「自然組」，不碰化學毒品，並深信大麻與磨菇這類的致幻物質，可以開拓人類感官經驗，並獲得心靈上的提昇。不過，臺灣的大麻吸食者有另一群是人是採取「混藥」。因為大麻的藥性與其他「毒品」相比，對精神產生的變異迷幻感較輕，這群人將之與其他毒品混用。例如，我們採訪到的幾位藥愛（chemsex）者，有些人會以大麻做為輔助，扮演「帶起藥性」的功能，甚至在吸安結束尾聲，再以大麻舒緩身體的緊繃。

綜合看來，大麻在臺灣的使用者雖屬少數，但使用的方式、社會的討論有非常多樣貌，這也說明各種成癮物者的管控涉及許多複雜的社會層面。

同樣也具醫療效用的K他命（學名為氯胺酮），這幾年也開始運用在精神治療上，它的命運跟大麻也有幾分的相似。

氯胺酮發明於一九六二年，由知名藥廠輝瑞的子公司生產。一開始被當成安全的麻醉劑，它不像鴉片類的麻醉劑，會抑制呼吸系統，造成麻醉過程中的風險。K他命的代謝也很快，四十分鐘後即可下床走動。

早年，臺灣婦科墮胎常使用K他命，當年有些非法診所常打著這樣的名號吸引未婚少女：「無痛引產，四十分鐘可自行回家」。甚至現今一般外科門診，進行一些簡單的外科手術，也是以K他命做為麻醉劑，一小時之內結束，風險低，方便快速。

運用廣泛的K他命還不只用在人類，獸醫對貓、狗等小型動物進行手術麻醉時，因為動物體型小，施用鴉片類麻醉劑，很容易因些微的劑量差異引起呼吸中止，因而大多使用K他命。

運用廣泛的麻醉劑，在一九七八年開始出現「中毒」案件，廣泛在青少年之間流行，美國政府明文管制，將K他命視為第一代的「新興毒品」。列入毒門的K他命也在差不多時間，被發現其他的療效：一九八〇年代開始，美國的精神科學家發現，K他命運用在憂鬱症治療上有不錯的效果。

一九九〇年代中期，美國本土開始有私人診所以K他命治療嚴重憂鬱症患者。振興醫院精神科主任蘇東平長年在美國學術機構任職，他得知美國精神科學的這項新療法，深感興趣。二〇一〇年開始，蘇東平和他的學生開始在臺灣進行本土研究。

二〇一七年，蘇東平及榮總的團隊發表研究成果：單劑的K他命注射後，難治型的憂鬱症患者有近半數得到不錯的反應。[33]這項研究經過雙盲測試，是全亞洲唯一的研究。

蘇東平解釋，所謂難治型的憂鬱症指的是用了二類主流的抗憂鬱藥物（增加腦中血清素或多巴胺）都沒有良好反應的患者，臺灣大約有三分之一到四分之一憂鬱症患者屬於此類。

二〇一九年，美國FDA通過嬌生公司生產的以左旋K他命（分子結構與K他命相似）為主要成分的抗憂鬱劑「Spravato」。這是以噴劑的形式射入鼻腔內吸收，單劑約美金七百元。美國學術界有人將之喻為三十五年來，憂鬱症用藥的重要發展；但也有精神科醫生質疑：K他命是讓患者產生迷幻感而亢奮？還是真的治療了憂鬱症？

對此，蘇東平以團隊的實驗為例：「我們在施打後，會觀測病人的腦活動影像，證明心情的改善並不是藥物的迷幻亢奮效果。」至於成癮的疑慮，他則解釋：「實驗的劑量是一般拉K的人的劑量是這個實驗劑量的上百倍，所以這個治療完全不會有成癮的問題。」[34]

一劑K他命可以維持七到十四天，蘇東平的團隊目前則研究，如何將單劑的藥效維持更久，以及要施打幾次才是最有效[35]。

蘇東平說，K他命療法可以補足目前憂鬱症治療的不足：「一般抗憂鬱的藥吃了要七天之後才會有反應，這個空窗期，患者還是處在情緒風暴裡，K他命有立即效果，可以補這個用藥的空檔。」推行這個療法在臺灣會有所阻礙嗎？他笑稱自己在精神醫療領域的輩分高，推行得很順利：「最重要是，我們有科學證據，不是隨便亂打。」

一樣是「毒物」，一樣是處在科學證據仍在發展中的狀態，K他命的科學硬數據似乎比大麻多了一些，因而有資深的醫生、科學家願意站出來背書。而和大麻相似的命運，一樣是高藥價的問題。嬌生的spravato有立即效用，但一劑七百美金，形成用藥的「高牆」。

蘇東平的研究是一般麻醉用的K他命（一般麻醉用是左旋、右旋混合，科學研究曾經一度認為左旋K他命有較好的療效，但近三年的研究則顯示左旋、右旋或混合型何者療效

33 有高達百分之四十八的人有改善的反應，有高達百分之五十七的人立刻打消自殺的念頭。

34 實驗只打零點五毫克（按照體重比例，每公斤施打的量），是一般麻醉劑量的十分之一，拉K的人用量是這個劑量的上百倍，所以這個治療完全不會有成癮的問題。

35 二〇二三年，蘇東平團隊繼續第二階段研究，半數的患者藥效可達二十一天。

佳尚無定論。日本的研究則聚焦在右旋），費用便宜，但臺灣規定藥品只能適用藥證上寫明的病症，不能挪作他用：「K他命的專利權已經過了，要藥廠生產一個沒有專利的藥，用於新的病症，他們無利可圖，不願意做。」他希望藥廠出產小劑量的K他命，可以常備在急診，用於有緊急自殺念頭的患者身上。

大麻欠缺嚴謹的科學證據，光是在「開放醫療用」這個選項就使得政府單位搖擺不定：大麻看似不危險，但又沒安全、有效到可以讓人放心拿來治病。

另一個造成大麻與K他命根本差異的關鍵，也許還在於：大麻醫療合法化運動，最終指向的是全面解禁，而K他命依舊只限於醫療用途，因此造成的爭議效應差異很大。

大麻是歐美青少年第一個接觸的「毒品」，因此普遍對大麻沒有戒心，這也反映到他們對大麻的態度：美國和加拿大社會都有過半數的人支持開放。[36]

歐美國家的開放是奠基於社會長久以來與大麻相互拉扯，進而逐步形成的社會共識。臺灣社會與大麻的連結很弱，欠缺有力的論述與公眾溝通：臺灣到底為什麼需要大麻？

倡議者多半以「綠金」經濟帶來的發展做為說服論點，一位在南部縣市農業部門任職的官員私下表示，有年輕的青農曾打探大麻做為經濟作物的可能，他鐵口斷定，要他們不要作夢了：「先不說開放不開放，目前漢麻（CBD含量高，多作為藥用）最大的產國是中國，產能大到讓國際ＣＢＤ原料直接掉價。臺灣要像中國種到整個市場鬼哭神號的地步嗎？不可能嘛。」

若是走高單價大麻路線？「不管是ＣＢＤ還是ＴＨＣ含量高的大麻品種都掌握在北美的幾個大集團手上，臺灣幾乎是從零開始，要怎麼跟這些集團比？臺灣農村問題很多、很複雜，你連鳳梨都賣不好了，怎能希望大麻這個更專業、更講利基市場的作物能賣得好呢？」

根據二〇二〇年《彭博週刊》的報導，北美歷經一波合法化之後，大麻公司在疫情前就已經開始出現泡沫化。加上，美國聯邦政府對大麻的全面合法，始終不願鬆口，管制仍多，例如大麻原料和產品都不能跨州運輸，大麻診所設立的地點也多所限制，間接造成產業發展受限。[37]遠在太平洋一端的臺灣，綠金之夢，始終也只能是個夢而已。

綠黨在二〇一八年選舉時，曾以「公民權」做為訴求大麻合法化的論述之一：如果不能證明大麻有害，那麼就不能禁止我使用。這樣的說法，在科學界仍有爭議，例如成大的

36　美國蓋洛普民調長期針對美國民眾調查對大麻的態度，二〇一七年，已有百分之六十六的人支持開放。加拿大在二〇一七年的民調也有百分之五十三的人支持開放。

37　Luke Kawa（2018）"Cannabis Is the New Crypto?"（大麻是新的貨幣嗎？）*Bloomberg Businessweek V156.*

胡書榕教授便認為：「大麻的科學證據太少，我們為什麼不等多一點研究證據之後，再來決定開放呢？這樣比較安全、穩當。」如果，人們對菸酒都要心存戒心，何以對大麻就能完全擁抱？

即便主張全面開放的洪裕成也提醒新一代的倡議者，大麻原是帶有解放色彩的天然作物，但追求合法化、過度強調大麻的美好，會不會同時也落入資本家的圈套：替那些掌握資源的大麻公司背書。當大麻啤酒、大麻軟糖已經出現在北美市場，昔日大麻的反抗精神最被馴化成：一種除了菸酒之外，另一個精神物質消費的選擇而已。

第十一章　暗網

阿祥平日做服飾網拍的生意，工作時間自由，二〇一〇年左右，網路賣衣的市場熱絡，錢進來得容易。每到週末夜，他必放下出貨的工作，到各地派對跳舞。手頭寬裕些，便和朋友一起買機票出國追各種「大型派對」。

派對上，各種玩樂的花樣多。已經記不得是哪場派對，阿祥第一次接觸到大麻。「這東西用了，身體對音樂的感受好像更強……。」阿祥現在也兼做音樂ＤＪ，他說大麻開啟了他對音樂的感受力，促發他兼職的念頭。

大麻不僅改變了他的職涯，也影響他近年的生活。

「臺灣的大麻品質很不穩定，拿到的東西貴，又不見得好。」他說自己是個膽小的人，不敢向藥頭拿貨，大多是音樂圈的朋友二手、三手轉賣給他。於是，到了手上的大麻，價格已經被中間賺了幾手。

某日，他的上游廠商因故積欠了他十萬元的週轉金，阿祥數次追討皆沒要到錢。最後，該名廠商給了他數組信用卡卡號，要他直接刷卡消費抵債。阿祥半信半疑之下，用信卡買了遊戲點數和百貨公司的禮券。「買的時候，我手在發抖，我不知道這些號碼哪來的？心底覺得這個很可能是有問題，不知道自己這樣算不算犯罪。」

阿祥提心吊膽拿到了廠商欠他的款項，但又擔心自己刷這些信用卡，會不會有犯罪的嫌疑？他多次向廠商打聽，這些卡號是怎麼來的？廠商先是說，家裡長輩的卡片拿出來幫他還債。阿祥並不相信這種說法：「怎會有長輩拿卡給你刷來抵債？難道不怕被刷爆？這一聽就是騙人的嘛。」

該名欠款的廠商同時有數名債主，廠商都用同樣的方式還了債。阿祥在同業之間聽聞，這名欠款的廠商是在「暗網」上買來的假卡。雖總說自己膽小的阿祥，但好奇心卻比誰都旺盛，他開始在網路上搜尋各種關於暗網的資料。

廣義的暗網又名「深網」，指的是一些私人論壇、需要帳號登入的網站內容，這些內容並不能以google等一般搜尋引擎查詢得到。例如，設定限好友觀看的臉書貼文、需要申請審核的粉絲頁，這些內容都不會在尋搜引擎上查得到，故為「深網」。

這些需要登入、設有各種屏蔽機制的網路內容不見得都是合法的。除了上述廣義的「深網」之外，還有踩在道德邊界，最為爭議的便是指狹義的「暗網」：一些需要特殊的搜尋引擎（最廣為人知的便是「洋蔥onion」瀏覽器），才得以進入的地下網路世界。

這個地下網路世界由美國人烏布利希（Ross Ulbricht）於二〇一一年創立。烏布利希原是想打造一個更自由、無障礙的網路世界，他認為，即便在網路上販賣槍枝、毒品，也是一種個人自由意志的展現，而網路是可以澈底實現這樣的自由。

烏布利希一開始只是和女友在一個名為「絲路」的地下網站轉賣自己多餘的「魔菇」，一種具有迷幻效果的毒品。之後，許多毒品交易開始在這個地下網絡系統裡熱絡了起來。

彼時，虛擬幣比特幣也初問世，這個地下商場交易的貨幣也以比特幣為主。這原是「技客」為了解決現在貨幣可能崩盤的缺失，因而以區塊鏈技術為基礎，設計出一種「不會崩盤，導致集體經濟危機」去中心化的比特幣。

這些原初都帶有理想性的科技發展到了現世，都有了意想不到的應用。

關於烏布希利創建的「絲路」商城有各種傳言，傳說上面買得到各種合法與非法的商品。從最常見的信用卡卡號、個人資訊、毒品、槍枝、兒童色情。這些傳言，有些並沒有確切的證據。直到二〇一三年，一位臥底特工與烏布希利建立關係，最後取得網站的違法證據而逮捕他。

二〇一七年，美國宣判烏布利希多項重罪，判以無期徒刑。名聞一時的「絲路」關站，然而暗網的地下交易並沒有因此絕跡。

我循著資安專家及曾經有暗網消費經驗的消費者提供的線索，找到幾個「賣場」。裡面有販賣個資的網站，也有毒品、槍枝的交易賣場，每個賣家還設有顧客評價，甚至還可以針對商品留言，賣家也會回覆。猶如一個非法版的蝦皮。

然而，大部分的資安專家都認為，一般人最好還是不要輕易上這些網站。原因是，這些網站都隨時危機四伏，上來的人大多是做些非法的買賣，有很多駭客是從連上暗網的人反追回你的電腦，駭入你的電腦。這個地下網域猶如化外之地，數位世界的弱肉強食顯露無遺。

阿祥原本就熟悉網路的使用，他很快就進入狀況，而且「觸類旁通」，心想：「既然這是一個什麼都買得到的賣場，那也許可以查一下大麻。」他一向認為大麻沒有成癮性、危險性也低，他自認為跟買槍買信用卡卡號相比，大麻不算什麼。

他意外發現，暗網的大麻不僅有標示每個商品是哪一種品種的大麻，甚至連ＴＨＣ成分占比多少都標示出來：「在臺灣買，你都只能靠運氣，根本不知道買回來的是什麼。而且，暗網價格很便宜，是臺灣的三分之一。」

暗網的交易有門檻，一是網路技術的門檻，除了要知道使用「洋蔥」之外，各賣場常為躲避取締而不停更換網址。大部分賣場不會一直沿用固定的網址，而新網址落腳何處，大多是靠使用者之間口耳相傳。

阿祥就曾經跟丟幾個品質不錯的大麻商城，心中覺得甚是可惜。

二是商場介面多是英文，對臺灣的藥物社群來說，並不是每個藥物濫用者都能順暢使用。在這二個障礙之下，大麻的使用族群因文化資本較高，因此在上面購買的毒品種類，大多是大麻的吸食者。

不僅是大麻，阿祥後來也在暗網上試了不同的「啟靈藥」，地下的網路商城是他神農嚐百草的「百草箱」。他告訴我們，透過這個管道買大麻的人在臺灣仍是少數，而且他們彼此之間是各自行動，沒有串連，因此警方很難察覺。

一名專取締新興藥物濫用的刑警就無奈表示，毒品買賣通常有集體性，比如一個藥頭跟上游拿藥、再買給小藥頭、最終端的客戶。整個產銷鏈因為參與的人多，就容易留下各種「痕跡」成為警方破案的破口。

暗網的交易則傾個人點對點的交易，警方不易察覺，僅能從海關抽驗包裹這種海底撈針的方式查緝。

當吸毒年齡層不斷下探，這群新世代的使用者是網路「原生代」，這也影響他們的毒品消費模式，這種模式猶如變形蟲，游擊式地散發在四處，因而增加查緝的難度。

不過，這不代表暗網購買毒品是完全無風險的。Gino在二〇一八年在海關被攔查到一個包裹，包裹打開是二坨黑色的大麻膏，他因而被判刑二年半。這是他在暗網購得的大麻商品，在臺灣經由暗網購買「商品」的人越來越多：「本土（大麻）自耕農經驗不足，有的把沒有迷幻效果的葉子和莖都混在裡面充數，品質最好的大麻還是得上暗網上買。」

Gino在暗網上交易的背景是臺灣對虛擬幣管制最鬆的時空，任何人只要在便利商店就能購買比特幣，購買也不需實名制，因此虛擬幣的金流處處是無法追溯的斷點。二〇二〇年之後，各國開始不同程度的管制比特幣，匿名性不若以往，暗網上的交易也改以更自由的乙太幣為主。

即便暗網看似什麼都有，虛擬幣取得也非難事，但真的要在廣大的暗網裡，在正確的賣場買到你想要的非法物質，也不是簡單的事。

像Gino這樣的「資深」玩家只在國外網站上購買，價格僅要臺灣本土的三分之一。Gino轉述他朋友的購買經驗：「大麻被揉成一小球，層層包裹在一個玩具裡，有時是搖控車，有時是一個機器人。你要一層一層拆，拆很久才會在裡面找到大麻。像我這種直接寄兩坨大麻膏過來的，很少見。」

剛畢業幾年的小吳原是一名普通的上班族，他有使用大麻的習慣，也曾幾次上過暗網「開開眼」，只是他不熟悉暗網的生態，也擔心郵寄出差錯被查獲：「我就聽過一些朋友從國外寄大麻種子、半成品來臺灣，最終還是被查到。」

他最後的決定是打開蝦皮的網站。一個看不出所然來的賣家，商品照片竟然是一張西洋棋的主教棋子，上面的英文中譯是：全光譜儀的「萜烯」氣化劑。萜烯是一種廣泛存在植物裡的成分，具有保留植物強烈氣味的作用。大麻裡也有這個成分，與大麻裡的CBD成分結合後，有不同的治療效果。

小吳向我們解釋，主教bishop指的是一種大麻特殊的品種，在這個充滿暗示的蝦皮網頁裡，賣方賣的全是這種游走在法律邊緣的成分。小吳打開和賣家的對話，他問：這個成分合法嗎？賣家並無正面回答，只說：「成分很安全，但若是嚴格的光譜儀測試還是有風險，要低調使用。」

二〇二一年三月期間，我們以相似的關鍵字查詢蝦皮，有數十家不等的賣家都有相似的商品。

小吳如此小心翼翼是因為他的「江湖走跳」也曾經出現「大麻煩」。

小吳的大學同學阿琳嫁到美國，二〇一七年之際，美國各州開始對大麻管制鬆綁，阿琳住在紐約，早在二〇二一年紐約州的大麻全面合法之前，大麻已經能在當地的特定酒吧、商店輕易取得。當時在自由風氣興盛的美國西岸城市已經全面合法，不僅醫療用大麻可以依醫生診斷後取得，同時娛樂用大麻也可以在特定場所交易。

阿琳突發奇想，找了小吳合作，將美國西岸購得的大麻以包裹的方式寄回臺灣。再由小吳扮演交通的角色，將大麻包裹分送給不同臺灣買家。阿琳從沒告訴小吳包裹裡的商品是什麼，但有藥物經驗的小吳在分送貨物時，也大約知道這些任務隱藏了風險，小吳說：「不問就當做不知道，當你知道了，你需要負的法律責任就多一些。」

小吳並不需要在臺灣開拓客戶，所有的臺灣買家都直接跟美國的阿琳聯繫，阿琳把包裹寄回老家一處無人居住的空宅，再由小吳去郵局領取，分送到不同的住址：「我也不認識這些買家是什麼人。」

一個小型的家庭式運毒方式於是成型，每個人都有專職負責的業務，並且設有斷點，只跟上游的阿琳聯繫。

這個模式運行數月之後，寄到阿琳老家的包裹因聯繫出了差錯，小吳一直沒有去領，不知是不是郵局起了疑心，向警方通報。當小吳再到郵局領貨時，櫃檯要他等一下，數分鐘之後，警察來了。

小吳堅稱只是幫朋友的忙，並不清楚包裹裡是什麼。不過，檢方從小吳運送所得到的報酬推論——「一趟有數萬元的報酬，必然知道這個行動隱含法律風險」為由，將小吳起訴。

小吳的家境並不好，阿琳立刻從美國找到專打毒品官司的律師幫小吳辯護，一度判刑七年，之後法官因小吳配合辦案，又是初犯，最終改判三年徒刑。小吳也因服監表現良好，現已假釋出獄。回首過去這段經歷，他表示不該為了貪圖那幾萬元的價格鋌而走險，但同時他也認為，自己被捉只是運氣不好：「如果包裹沒有放在郵局太久，或是包裹寄到一個有人住的地方，是不是比較不易被捉？」

無論如何，這種運輸經驗讓他受到了某程度的教訓，所以在蝦皮上購買各種看起來「可疑」的大麻衍生物，可能也會有風險，但在暗網上消費「毒品」，跨國寄送則是七年以上的重罪，這個風險則高上許多。

小吳的郵寄式運毒方式在這幾年越來越常見。國際郵寄運輸體系日趨完整，最傳統的包裹郵寄成了新的運毒方式。小吳分析，很多人在做他們這樣的事，通常寄貨的人是用假名，收貨的人也是假的，一旦有風聲傳出貨出問題，只要不去取貨，警方查不到人。再加上，臺灣警方與國際合作的管道有限，美國端的大麻上游也不見得追得到。小吳說：「何況，我們這種小量運輸的，不會這麼大費周章往上查……我們用真名訂、真名收，真的太傻了，要是當時不去取貨，可能這事很難判刑。」

臺北市刑警大隊就曾在大臺北地區查獲，毒販利用Uber這類送、取貨的媒合系統運送毒品，送貨的司機完全不清楚送的貨是什麼，對毒販來說，付的只是一般Uber的送貨費用已。

惡名昭彰的暗網在二〇二二年比特幣崩盤時，一度受影響，現在交易的主流以乙太幣為主。資安專家吳伊婷曾在虛擬幣相關的公司工作，她說，「臺灣一度是全世界對比特幣管制最鬆的地方，你隨便在7-11就能買，而且不必實名登記。」這樣的「盛況」也開始轉變，臺灣的比特幣買賣也開始要求要實名登錄，做為日後追查有問題金流的依據。

我們詢問了幾個相關單位，臺灣到底有多少資金在暗網上流竄？關於這個問題，沒有人能回答。在暗網消費毒品的人，在臺灣仍屬少數，不過，這種分散式消費的模式卻是在郵寄、蝦皮賣場上，以另一種非傳統的「通路」來「服務」毒品消費者，這也宣告一個新的時代來臨。

結語

在一九九〇年代成癮的海洛因使用者蔡明蒼多次想戒癮，但當時臺灣社會除了坐牢，便沒有什麼戒治的選擇，像他這樣的成癮者，除了少數有錢人，尚能購買走私來臺的美沙酮。蔡明蒼這種買不起美沙酮，又走投無路的癮者，大多在鄉間沒有執照的「赤腳醫生」開的診所進行戒毒。

蔡明蒼輾轉在臺中、南投、嘉義朴子的各種「戒毒診所」戒過毒，他描述戒毒的景象：「癮來了，診所會拿各種藥要你吃，我也不知道那是什麼，常常一睡好幾天，戒癮的藥有時會跟你吸的毒『相衝』，有人會猝死。」他在嘉義朴子那次，一連睡了好幾天才醒來：「醒來的時候，我以為自己死了，毒癮好痛苦，以為自己死了，當下覺得解脫了而感到開心。」

早在一九四七年，美沙酮已在美國用於治療海洛因成癮，香港則於一九七三年引入。臺灣則是因海洛因使用者共用針頭導致愛滋感染者激增，才於二〇〇六年引進美沙酮療法。自該療法引進後，便長期在嘉南療養院執行此計畫的精神科醫師張耿嘉說：「當時引入這個療法是為了愛滋問題太嚴重，不得不的選擇。」言之意下是，毒癮並不是政策首要解決的目的。

張耿嘉曾對海洛因成癮者做過調查，問他們使用毒品過程中，是否有無助、痛苦的時刻？超過九成有這樣的感受。接著問：「有曾試著向外尋求協助嗎？」超過八成的人回答沒有。不只一位成癮者告訴他：「吸毒是自己不學好，受了什麼苦也是活該，沒什麼好求救的。」毒品成癮的個人責備論不僅反應在國家的戒毒政策上，同時也內化在成癮者對自我的看法。

即便許多研究都顯示，使用美沙酮的癮者在五年之內的死亡率遠遠低於沒有治療的癮者[38]，但美沙酮終究還是成癮物質，許多宗教戒毒團體大力反對。例如，二〇〇六年，來臺推廣美沙酮的一位澳洲警察，他本身也是海洛因成癮者，使用美沙酮已超過二十年，難道這不也是成癮嗎？

張耿嘉不否認，臺灣至今仍有海洛因癮者用了十年以上的美沙酮仍未完全戒癮：「戒癮是一個光譜，是一種慢性病，從成癮到零使用之間，成癮者可能會在這個光譜裡不斷移動，美沙酮也有可能終生服用，但這也是戒癮的難處，你不得不選擇一個傷害較小的方式，你會說一輩子用美沙酮很可怕，但沒用美沙酮，海洛因的成癮者可能不到幾年就死了。」

精神科學裡的戒癮治療沒有「治癒」這樣的字眼，三個月未施用毒品叫早期緩解，一年以上未施用則稱持續緩解。戒癮是一場終生的戰鬥。

從對毒癮的戒治方式也反應國家對成癮者的態度。即便美沙酮療法已在歐美國家問世多年，臺灣政府卻遲遲未引入。其中的關鍵便是在於，長久以來，毒癮被視為個人的道德沉倫問題，與社會、個人成長、心理因素等無關，所有的罪必須由個人獨自承擔。於是，像蔡明蒼這類的「毒蟲」，即便有心戒癮卻長久以來求助無門。

這種個人責備論使得吸毒者幾乎一旦陷入成癮風暴後，幾乎難有重返正常世界的可能。我們走訪不同的海洛因成癮者，從他們的成癮自白裡大多能觀察到，這種外在對成癮者的看法也深深內化到他們的內在。他們常會說：「不管是戒毒死掉（不專業的戒毒中心戒癮過程的確有生命危險），或是藥打到死掉，只要死掉就會是解脫。」

個人責備論的觀點下，反應在戒癮的定義上只有一種純粹「乾淨」的戒治成果，彷

38 張耿嘉（2019）《臺灣鴉片類替代維持療法實施後海洛因成癮者的存活與生活品質分析》，國立成功大學公共衛生研究所博士論文。

佛人只要跨過某個界線之後，就完全擺脫毒品，成為一個全新的人。然而，這樣的戒治觀點過於理想，成癮者在通往「完全乾淨」的戒治結果，只能有全有與全無這二種結果，完全忽略戒治過程，成癮者在現實狀況下，不斷在施用毒品與抗用癮之間來回擺盪，且進且退，迂迴前進的治療進程。

因此，像美沙酮這樣的療法在這樣的觀點下必是充滿爭議，被認為這是用「另一種毒品」去取代海洛因。部分的戒癮團體至今仍將美沙酮視為另一種「道德沉淪」的可能，因此抗拒這類療法。

隨著二〇〇六年開始出現大量海洛因使用者因共用針頭，感染ＨＩＶ，造成公共健康危機，國家單位不得不介入處理。再加上戒癮團體及精神科醫師的倡議，二〇〇六年臺灣政府對毒癮開始有不同的認知。

從二〇〇六年之後，臺灣的戒癮做法開始有些轉變，毒品問題慢慢不再將毒品問題歸咎於個人的道德墮落。二〇〇八年修法，將一級毒品使用者視為「病患」，強制戒癮治療換取緩起訴。這項做法，反而使得使用二級毒品不能換取緩起訴的不公平現象，於是二〇一八年修法，將二級毒品也一并納入。

二〇二〇年則增加「多元處遇」模式，亦即進入司法體系的成癮者，各有程度不一的成癮物質的使用狀況。程度最輕微，例如一時好奇心的吸食者，則進入社區服務換取緩起訴。程度不一的成癮狀況，則分別有不同的民間戒癮機構配合接收。唯有戒治後五年內再犯者，才會直接進入刑法程序。

看似充滿彈性的理想制度，卻難逃現實的考驗。

在現實的司法體系裡，有些個案明明是初犯卻被分派到治療機構，一些嚴重的個案則因面談時避重就輕或是表現良好而被分派到輕微的社區服務。癮的評判標準浮動，造成個案在制度上的分流有嚴重的失誤，無法得到適切的戒癮治療。

這背後的原因，可能在於毒品使用者的分流是各地地檢署負責，負責鑑定的醫療單位大多是地方的醫療院所。雖然戒癮治療是精神科裡的三個次專科之一，但因出路有限、長期被忽略，很少學生選擇這個專業，造成人才短缺，尤其非都會區的狀況更為嚴重。

專業戒癮人才的短缺之下，成癮者在臺灣接受的戒癮治療到底是什麼？

不只一位成癮者告訴我，戒癮門診看診的時間只有幾分鐘，醫生簡單問診，便根據你的失眠或躁動的症狀開藥，解決的是戒癮過程出現的副作用，而不是真的針對毒癮做戒治。在酒店當少爺的阿緯因吸安被判戒治，他雖認為上精神科門診拿藥只是形式，實際作用不大，但他還是認為：「真的要坐在那邊跟醫生聊天，像電視那樣，太假掰了啦，我才不知道要跟他講什麼。」

成癮者有不同的社會背景，臺灣社會也不習慣心理諮商，即便真的有機會要成癮者坐下來談，恐怕很多成癮者仍是心生抗拒。例如，陳耿嘉曾試圖跟幾位海洛因癮者深談，但他們多出身黑道，很難打開心防。

長期專注毒癮服務工作的臺北大學社工系助理教授陳玟如則有不一樣的看法：「我們把所有毒癮者往醫療機構裡丟，是很有問題的。」他認為，成癮是一個光譜的話，成癮者在不同的狀況下，應該就要有不同的機構去滿足他們的需求，而不是把所有人都送進戒治機構隔絕治療。

臺北市立聯合醫院昆明院區精神科醫師衛漢庭也持類似的看法：「我們應該要反問，成癮者到底需要怎樣的戒癮治療？」他也曾在門診簡單問診後，對成癮者開安眠藥等針對症狀的藥物。一方面，這是現實的考量，醫院仍需盈利，不可能花太多時間與患者深談。另一方面則是，很多輕度癮者，只需要簡單的症狀控制即可：「並不是所有施用成癮物質的人都要高強度的治療。」

他舉例，依照成癮的十一項行為標準來判定，輕度以下的可由民間機構做早期介入輔導，輕度癮者則由簡單門診負責。中度則需要密集的門診治療，重度則需要住院。住院恢復後，可由宗教團體等民間團體接手做中途居所。

在這個看似司法制度上有分流、醫療體系也有分級給予不同協助的狀況中，仍不可否認的事實是，臺灣的戒癮做法仍處戰國時代似的各自為政，二〇一六年開始，政府預計四年投入一百億的新世代反毒策略，猶如從天上掉下來的大禮。在此之前，臺灣戒癮治療仍以宗教的福音戒癮為主流。精神科醫師王聲昌說得坦白：「以前做戒癮這塊的人很少，很冷門，現在一下子有這麼多資源，大家拚命去搶，大家都是片段、片段地做，造成資源浪費，也沒有評鑑的統一標準。」

例如，各地醫療院所因為醫療資源的關係，戒癮治療有的縣市是一週一次，有的則是一個月一次。對於中重度的成癮者，這樣的治療強度顯然是不足的。從二〇一七年開始，王聲昌與衛漢庭兩位精神科醫師從美國引入「整合復元治療模式」（簡稱Matrix model）。這是由美國加州大學針對美國西岸安非他命成癮者設計的戒癮計畫，創建於一九八〇年代末，在美國本土廣泛使用並證明有效。

這個模式是以一週三次，每次一到二小時的長度，為期十六週的治療方式。治療課程有團體課（類似匿名戒酒會團體），也有針對個人需求的一對一面談，以及家屬教育，王聲昌認為：「戒癮不只是成癮者一個人的事，同時還是家屬、生活裡重要他人的支持，你也要同時教育家屬，戒癮是一輩子的事，也不是一個人努力就能辦到的事。」

如果成癮是一個結合社會面、家庭、個人生命經驗的各種問題匯集，多元整合模式幾乎把所有問題面向都包裹進來。不僅是精神科醫師，心理諮商師、社工也同時在其中提供不同的服務。

這個模式不僅從個人的生命經驗去尋找成癮的遠因，也從生活的各種細節去阻斷與各種毒品的接觸可能。例如，過年、連續假期時，一向是藥癮者復發的時機，衛漢庭會要求參與的成癮者將長假的每天行程寫下來：「以每一個小時為單位，就算你真的沒什麼行程，我們一起幫你想，比如看二小時的甄嬛傳，你就坐在電視前坐滿二小時，你就少了二小時去接觸毒品的機會。」

假若不幸復發使用了，醫師則引導成癮者思考，生活中是什麼原因促發你會有使用的念頭？是心情低下？還是生活中的情境受到什麼暗示？例如，酒店少爺為了上班提神使用安，而當天色一暗，他要出門工作，像是受到了暗示，而習慣呼上幾口再出門。最後，甚至休假的期間，看到天色一暗就忍不住再呼幾口。

和酒、菸的狀況一樣，毒品有其特殊的使用情境，有人壓力大就會想抽菸，成癮物質與生活習慣、社交情境連結得太深，每回到這樣的情境，大腦裡的獎酬系統便蠢蠢欲動。

「所有的癮都是大腦學習而來的結果。」衛漢庭說。

因此，戒癮便是要切斷成癮行為與生活的各種連結。

這個在國外行之有年的整合治療模式引入臺灣後，仍有其挑戰之處。王聲昌說：「最現實的就是，這是個花錢的計畫，沒有醫療院所願意承接。」在美國，戒癮已然發展成熟的「產業」，一次十六週的整合治療，行情價是美金九千元。臺灣現行是試辦計畫，由政府補助，未來一旦落實，面對則是，成癮者個人無法負擔費用，商業保險也不承保這類服務，政府願意花多少預算在這個計畫仍是變數。

另一個變數則是社會文化上的差異。目前，整合模式僅試辦於同志藥愛者，初期成果不錯。王聲昌認為：「這個族群有很強的戒癮動機，普遍教育程度高，具思考能力，對療程的配合度高。」然而，出了都會區、在不同的成癮族群像是藍領勞工，這套源於西方諮商傳統的戒癮模式，勢必要做出調整。

「癮」一直是人類長久以來，古老的問題。隨著科技的演進，成癮物質也跟著日新月異，從古老的鴉片、海洛因，一路演化至今日的笑氣、咖啡包。這些化學合成的各物質，對人體造成的作用也各有不同。相對應之下，戒癮的概念也必須隨著毒品種類、時代環境而做出各揰調整。

尤其，當毒品以不同的樣貌滲透到不同的社會族群之際，戒癮手段必須去適應不同社群文化特色做出改變，已無「一套功夫，闖天下」的可能。整理書稿的最後階段，臺灣剛好爆發Youtuber Joman呼麻事件；韓國則發生演員李善均深陷吸毒疑雲，即便驗毒呈陰性，卻不敵公眾壓力，燒炭自殺。當成癮物質日新月異，有些事總是不變，在名人使用違禁品的網路新聞下方留言區，仍是充斥各種網友對物質濫用者的偏狹想像。

當「毒品」出現在社會討論的脈絡裡，依舊出現強大的道德批判。這種眼光下的「毒品」只能是成就個人慾望的工具，事實上，我們從臺灣的鴉片研究便已得知：一個「毒品」在社會裡可同時是社交工具、身分象徵，甚至還可以拿來做為流通「貨幣」。

更晚近的年代，「毒品」則與不同的職業階級需求相互結合。有像陳阿姨把感冒藥水當成體力補劑，也有像陳鳴敏曾經把安非他命當成解酒劑，也有像吳柏凱國中時在毒品裡找到情感依歸。我們並不是替所有濫用者「洗白」，所有物質濫用都需付出代價，這些代價包括身體健康或是法律責任，他們唯一不必承擔的是過多的道德責備。

你不會去責備高血壓患者道德淪喪，一樣的道理，也不該去責備一個腦結構迴路生病的「成癮者」。

而人之所以成為「癮者」背後有各種千絲萬縷的因素相互交錯影響。而我們對「癮」

的想像可能也與科學上的發現大相逕庭，有學者認為，各種成癮者追求的並不是毒品本身帶來的「爽感」，而是利用物質濫用，把自己與現實世界隔絕開來。

也有對賭博成癮者的描述，成癮者著迷的是賭博的不確定性，為這個機運的不確定而感到興奮，並為這個興奮感而上癮。金錢本身反而不是目的。人性的複雜，社會文化的變異，讓成癮行為成為當代最難以解決的問題之一。

各方圍堵成癮行為，另有一派的聲音卻是擁抱成癮物質，他們將這些物質視為開拓人類感官的工具。

十多年前，我曾因緣際會在峇里島用了「魔菇」。那是一趟奇幻的感官旅程，浴室缸的磨石子花紋像融化的蠟燭緩慢滑落，ＶＩＬＬＡ花園的植物散著肉眼不曾見過的瑰麗色彩。我什麼也沒做，靜靜看著花園裡的花花草草，直到睡著。醒來時，我甚至不確定昨晚經驗的一切，是不是一場夢。

有一度，我也深信藥物是打開感受這個世界的另一道門。在大麻合法化的爭議裡，我也毫無遲疑，曾經站在完全開放的立場上。

寫作此書，探訪不同的成癮故事，我的立場開始有些轉變。

二〇二三年，趁著疫情解禁，我去了一趟曼谷。在當地夜市，隨處可見大麻攤販。我幾乎是無意識，把大麻煙當成青木瓜沙拉，路上遇到就買一支。

旅行的最後一天，包包裡還有五支大麻菸。為了「不浪費」，最後一夜，我躲在飯店花園裡，企圖抽完這五支菸。到了第二支菸的時候，我並沒有見到當年，峇里島花園裡的奇花異草，只有無止盡的昏茫感。此時，理智的另一端嘲笑自己，為何如此荒唐？

人性是脆弱的，我們不知道何時會做出自己都覺得荒謬的傻事，網路上也流傳好幾段觀光客在曼谷呼麻脫序的影片。泰國的大麻管制方式可能是「自由開放派」最不好的例子。對照臺灣的大麻爭議，我們需要的合法化是怎樣程度的開放？若只強調醫用合法，按照專家的看法[39]，目前的科學證據僅證明少數罕病是有療效。

大麻是一面鏡子，反映臺灣社會如何看待成癮物質，並在政策面上形成相對應的管制。這也是大麻運動在臺灣的困境：大麻欠缺一個本土性的意義，因此很難對公眾進行說服。

如果大麻（或是任何成癮物質）不應該像青木瓜沙拉一樣，那麼，「它們」應該是什麼？這是一個難以回答的問題。有時候，它們可能是藥（例如大麻和K他命），有時候又具健康風險（例如安非他命對腦部的傷害、商用大麻的高致幻成分的傷害）。它們的多面性反映出管制的難處，每一個成癮者故事同時也是這個社會管控失靈及部分體制崩壞的故事。

那趟泰國行剩下的大麻菸，我完全沒考慮夾帶回臺灣，因為那是跨國運輸，刑期七年以上的重罪。離開飯店時，我把大麻菸放在床頭，也許房務清潔阿姨需要放鬆一下。

39 可參照本書大麻章節成大教授胡書榕的看法。衛福部心理健康司長陳亮妤則認為，現今商用大麻的高ＴＨＣ對人體的健康風險為何，並沒有被評估。

參考文獻（按年分排列）

專書、文本

大D、小D（2005）《搖頭花》，商周出版。

劉明修（2008）《臺灣統治與鴉片問題》，前衛出版。

羅伯·海格（2011）《慕色拉行動：我與黑道、毒梟、暗黑銀行界周旋的日子》，三采文化。

卡門·波露（2015）《毒梟之國》，好優文化。

約翰·海利（2017）《追逐尖叫》，麥田文化。

歐陽泰（2017）《決戰熱蘭遮》，時報文化。

栗原純（2017）《日本帝國主義與鴉片》，臺大出版中心。

湯姆·溫萊特（2019）《毒家企業》，寶鼎出版。

黃樹民（2021）《借土養命》，春山出版。

達妮·戈登（2022）《大麻CBD聖經》，大是文化。

派崔克・拉登・基夫（2023）《疼痛帝國》，黑體文化。

學位論文

許宏彬（2002）《臺灣的阿片想像：從舊慣的阿片君子到更生院的矯正樣本》，國立清華大學歷史研究所碩士論文。

朱正聲（2007）《全球化下我國緝毒工作之研究》，國立政治大學國際事務學院國家安全與大陸研究在職專班碩士論文。

張耿嘉（2019）《臺灣鴉片類替代維持療法實施後海洛因成癮者的存活與生活品質分析》，國立成功大學公共衛生研究所博士論文。

期刊論文

柯乃熒（2008）〈網路、搖頭與性的交錯：青少年男同志感染ＨＩＶ的風險〉《愛之關懷季刊》六十三期。

許宏彬（2018）〈帳裏芙蓉小洞天？初探臺灣阿片使用者的吸食活動與空間〉收錄於《日本統治下的底層社會：臺灣與朝鮮》，中研院臺史所。

報章雜誌

臺中訊（1953）〈出納主任涉毒 又失鉅額公款〉《聯合報》，一九五三年四月二十三日四版。
三重訊（1954）〈花骨伶仃瘦 猶作樑上人〉《聯合報》，一九五四年六月九日第五版。
劉鳳秋（1994）〈罌粟殼當料爽得很〉《聯合報》，一九九四年二月八日二十版。
香港電（1988）〈顧客吃上癮？火鍋加入罌粟殼 四川業者沒良心〉《聯合報》，一九八八年二月二十五日五版。
香港電（1999）〈港報稱上海餐廳偷摻罌粟 吃客上癮〉，《聯合晚報》，一九九九年一月三十一日四版。
楊順清編譯（2004）〈美指控北韓政府製毒販毒〉，《聯合報》，二〇〇四年三月三日A十四版。

江志明、胡書榕、陳亮妤等人（2018）〈封面故事：大麻〉，《科學月刊》585期。
黃天如（2019）〈毒品查獲量短短三年暴增三點二倍創新高！「這縣市」查獲率第一名〉（https://www.storm.mg/article/1713235），風傳媒，二〇一九年九月十八日。
馬家佳（2021）〈男子吃涼皮上癮，報警後店裡竟查出大量罌粟成分！〉中國之聲。（https://www.shanwei.gov.cn/swkjj/zhuanti/xfjs/content/post_761007.html）

統計資料

衛福部（2019）〈藥物濫用案件暨檢驗統計資料【一〇八年報分析】〉（https://www.fda.gov.tw/tc/site.aspx?sid=10776&r=410090430）
衛福部（2022）〈藥物濫用案件暨檢驗統計資料【一一一年報分析】〉（https://www.fda.gov.tw/tc/site.aspx?sid=12083&r=1903166607）

外語文獻

Anthony Spaeth (2003) Kim's Racket, *Time*, June 09, 2003.

William F. & Max G. (Director). (2015). Chemsex[Film]. Saffron Hill Films.

Luke Kawa（2018）Cannabis Is the New Crypto?, *Bloomberg Businessweek* V.156.

United nations（2020）*World drug reporter 2020*（https://wdr.unodc.org/wdr2020/index2020.html）

MO
029

戒不掉的癮世代

臺灣的毒梟、大麻、咖啡包與地下經濟

作　　者：鄭進耀
責任編輯：孫中文、王梓耘
責任企劃：藍偉貞
整合行銷：何文君

副總編輯：陳信宏
執行總編：張惠菁
總 編 輯：董成瑜
發 行 人：裴　偉

封面設計：蕭旭芳
內頁排版：宸遠彩藝工作室

出　　版：鏡文學股份有限公司
114066 臺北市內湖區堤頂大道一段 365 號 7 樓
電　　話：02-6633-3500
傳　　真：02-6633-3544
讀者服務信箱：MF.Publication@mirrorfiction.com

總 經 銷：大和書報圖書股份有限公司
248020 新北市新莊區五工五路 2 號
電　　話：02-8990-2588
傳　　真：02-2299-7900

印　　刷：漾格科技股份有限公司
出版日期：2024年1月 初版1刷
2024年1月 初版2刷
I S B N：978-626-7229-96-5
定　　價：360 元

國家圖書館出版品預行編目 (CIP) 資料

戒不掉的癮世代：臺灣的毒梟、大麻、咖啡包與地下經濟/鄭進耀著. -- 初版. -- 臺北市：鏡文學股份有限公司, 2024.01
面；14.8×21 公分
ISBN 978-626-7229-96-5(平裝)
1. 毒品　2. 毒癮　3. 臺灣
548.8233　　112022796